TRAITÉ PRATIQUE

DE L'ÉDUCATION ET DE LA CULTURE

DU

POMMIER A CIDRE

DANS

LES DÉPARTEMENTS DE L'ANCIENNE NORMANDIE
ET NOTAMMENT DANS CELUI DE LA SEINE-INFÉRIEURE,

PUBLIÉ

Par le Cercle pratique d'Horticulture et de Botanique

DU DÉPARTEMENT DE LA SEINE-INFÉRIEURE.

Prix : 40 Cent.

ROUEN

CHEZ MÉGARD ET Cie IMPRIMEURS-LIBRAIRES.

CET OUVRAGE SE TROUVE AUSSI CHEZ M. DEBOOS, TRÉSORIER
Rue du Change, 17.

S

TRAITÉ PRATIQUE

De l'Éducation et de la Culture

DU

POMMIER A CIDRE

TRAITÉ PRATIQUE

DE L'ÉDUCATION ET DE LA CULTURE

DU

POMMIER A CIDRE

Dans les Départements de l'ancienne Normandie
et notamment dans celui de la Seine—Inférieure,

FAISANT CONNAITRE CE QU'IL Y A DE VICIEUX DANS LA PRATIQUE HABITUELLE
ET INDIQUANT LES MOYENS D'OBTENIR FACILEMENT DE MEILLEURS RÉSULTATS ;

OUVRAGE UTILE

AUX PROPRIÉTAIRES RURAUX, AUX PÉPINIÉRISTES,
AUX CULTIVATEURS,
ET A TOUS LES HOMMES QUI S'OCCUPENT DE LA CULTURE
DES ARBRES FRUITIERS ;

PUBLIÉ

Par le Cercle pratique d'Horticulture et de Botanique
du département de la Seine-Inférieure.

ROUEN

CHEZ MEGARD ET Cie, IMPRIMEURS-LIBRAIRES.

—

CET OUVRAGE SE TROUVE AUSSI CHEZ M. DEBOOS, TRÉSORIER,
Rue du Change, 17.

1852

A MONSIEUR LE PRÉFET

ET

A MESSIEURS LES MEMBRES DU CONSEIL GÉNÉRAL

DU DÉPARTEMENT DE LA SEINE-INFÉRIEURE.

—

Messieurs,

En recevant de vous une marque de l'intérêt que, dans votre haute sagesse, vous accordez à tout ce qui vous paraît avoir une but d'utilité générale, le Cercle pratique d'Horticulture et de Botanique du département de la Seine-Inférieure s'est engagé à prouver, par la manière d'employer les fonds mis à sa disposition, qu'il n'est pas indigne de votre haute protection.

C'est pour remplir cet engagement qu'il a chargé son président de rédiger un de ces manuels populaires qui sont destinés à être répandus dans les campagnes, afin d'éclairer les populations agricoles sur les moyens d'améliorer certaines cultures usuelles et d'en obtenir un meilleur produit.

Le Cercle s'estimerait heureux, Messieurs, si cette première publication vous paraissait susceptible d'atteindre, au moins en partie, le but proposé; votre approbation serait pour lui un puissant stimulant et le porterait à continuer, par tous les moyens en son pouvoir, ces sortes de publications.

Veuillez agréer, Messieurs, l'expression respectueuse des sentiments de reconnaissance et d'entier dévouement avec lesquels nous avons l'honneur d'être

Vos très-humbles et très-obéissants serviteurs.

Pour les Membres du Cercle,

LE PRÉSIDENT,

PRÉVOST.

EXPLICATION

DE QUELQUES EXPRESSIONS DONT IL EST UTILE DE PRÉCISER LA SIGNIFICATION.

Aubier..... C'est le bois le plus nouvellement formé, le plus extérieur ; il enveloppe le bois parfait et est recouvert par l'écorce.

Binage..... Petit labour de quelques centimètres de profondeur, qui s'exécute avec la bêche, la ratissoire ou la houe. Cette opération a pour but d'empêcher le durcissement et la gerçure de la surface du sol en la tenant constamment meuble et bien divisée, de conserver plus longtemps l'humidité, de détruire les mauvaises herbes, etc.

Bourgeon.... C'est la pousse nouvelle sortie au printemps d'un bouton et développant des feuilles au fur et à mesure qu'elle s'allonge.

Le *bourgeon* prend le nom de *rameau* quand il a cessé de s'allonger, qu'il a changé de couleur, qu'il est devenu ferme, ligneux, et que son bouton terminal est formé.

Boutons..... Ce sont de petits corps ovales ou arrondis, obtus ou aigus, épais ou comprimés, toujours couverts d'écailles et souvent revêtus d'une sorte de duvet blanchâtre.

Il y a plusieurs espèces de boutons ; les *boutons à bois* se trouvent sur les rameaux,

aux points où étaient les feuilles ; les boutons à fleurs sont gros et renflés ; ils se forment sur les lambourdes ou petits rameaux à fruits, et occupent, en été, le centre d'une collerette composée de 3 à 6 feuilles.

BRANCHE.... On donne à tort ce nom au rameau. Le rameau ne prend le nom de branche qu'à sa deuxième année d'existence et lorsque les boutons à bois qu'il porte se sont développés en bourgeons ou en lambourdes.

Toute ramification d'un arbre qui n'est pas sa tige et n'est plus rameau, porte le nom de *branche*, quels qu'en soient l'âge et la force.

CAMBIUM...... Liquide onctueux ou sève perfectionnée qu'on trouve, au printemps et en été, entre le bois et l'écorce des arbres, ce qui permet de séparer facilement ces deux parties.

Le cambium répare les plaies des arbres, opère l'union de la greffe avec le sujet, allonge et multiplie les racines, etc.

CASSEMENT... Opération qui a pour but le raccourcissement des rameaux, ou entiers, ou déjà raccourcis l'été précédent par le pincement ou par la torsion. Le cassement se fait en plaçant le tranchant de la serpette sous le rameau, au point où l'on veut le casser et en appuyant fortement dessus, avec le pouce de la même main, au-delà du point où il pose sur la lame de la serpette.

On aurait aussitôt fait de couper ; mais le cassement, en laissant une surface inégale, absorbe plus de sève et amoindrit ainsi le développement de bourgeons inutiles et nuisibles.

LAMBOURDE.. On donne ce nom à de très-courts rameaux qui se ramifient et dont chaque ramification se termine par un bouton entouré de quelques feuilles, lequel est destiné à se transformer en bouton à fleurs.

Liber. Couches intérieures de l'écorce, lesquelles peuvent être détachées par feuillets à peu près de l'épaisseur d'une feuille de papier. Une couche de liber se forme chaque année et l'on en compte facilement, à l'œil nu, 15 à 20 encore vives sur la tranche de l'écorce des vieux arbres. Dans les écorces épaisses, les couches de liber premières formées sont, par cela même, extérieures et, en se détruisant par vétusté, constituent, avec le parenchyme, les vieilles écorces mortes et gercées qu'on enlève ordinairement dessus les arbres fruitiers.

Les écorces dont on fait des cordes à puits sont ordinairement formées avec le liber de l'écorce du tilleul.

Limbe. C'est la partie large et mince de la feuille. Une feuille de nos arbres fruitiers se compose du *pétiole* ou queue, lequel est attaché au rameau, et du *limbe*, qui est porté par le pétiole.

Mérithalle. On donne ce nom à la partie d'un bourgeon qui se trouve entre deux feuilles, à celle d'un rameau qui sépare deux boutons, ainsi qu'à l'intervalle qui, sur les tiges et les branches, sépare deux nœuds.

Quand les yeux, les boutons ou les nœuds sont éloignés les uns des autres, on dit que les mérithalles sont longs; quand, au contraire, ces parties sont rapprochées, les mérithalles sont courts.

Œil. On appelle ainsi un petit bouton qui se forme dans l'aisselle de chaque feuille, sur les bourgeons ou pousses nouvelles des arbres.

Lorsque la feuille qui protége et nourrit l'œil est tombée naturellement, il prend le nom de *bouton*.

1.

Pincement. Opération par laquelle on supprime le bout d'un bourgeon pour en arrêter l'accroissement, afin de favoriser le développement d'autres bourgeons qu'on n'a pas pincés.

Rameau .... C'est la pousse d'une année ou le bourgeon ayant pris une consistance ligneuse et formé son bouton terminal.

Tige........ La tige se distingue des branches en ce qu'elle prend naissance sur le collet de la racine.

Torsion..... Opération par laquelle on arrête l'accroissement d'un bourgeon sans en supprimer l'extrémité, mais en le tordant à certain point de sa longueur comme on ferait d'une hart.

La torsion se fait sur les bourgeons trop avancés pour être éboutés ou pincés.

Tuteur ..... Baguette ou gaulette droite qu'on met au pied d'une tige courbe ou crochue pour la redresser en l'attachant dessus.

Les tuteurs destinés à être enfoncés en terre doivent être affilés, non seulement pour qu'ils entrent mieux, mais aussi et surtout pour que, plus étroits, ils ne puissent blesser les racines.

AVANT-PROPOS.

Le pommier paraît avoir pour patrie l'Europe, l'Asie-Mineure, et non uniquement la Catalogne, ainsi que quelques auteurs l'ont avancé.

Connu et cultivé de temps immémorial, cet arbre précieux fournit la boisson usuelle des habitants d'une partie du nord de la France; les fruits acidulés des variétés cultivées pour la table, considérés au point de vue hygiénique, fournissent un aliment aussi sain qu'agréable.

Les Hébreux connaissaient le cidre; les anciens Romains cultivaient, dit M. Couverchel, une vingtaine de variétés de pommes, qu'ils divisaient en pommes acides et en pommes douces.

Suivant M. Malo, dans quelques îles de l'archipel grec, les jeunes filles sont dans l'usage de se faire, le jour de la Saint-Jean, une ceinture de pommes sur lesquelles elles gravent leurs noms, qu'elles ornent de fleurs et de rubans, qu'elles portent toute la journée et qu'elles conservent avec soin, en les observant fréquemment pour connaître d'avance ce qu'elles ont à craindre ou à espérer de l'avenir. Ainsi, lorsque les pommes se fanent promptement, c'est, suivant la croyance du pays, un présage funeste ; mais si elles se conservent longtemps, c'est le signe d'une longue vie, surtout d'un très-prochain mariage, et cet espoir-là, dit M. Malo, fait toujours plaisir aux jeunes filles, qu'elles soient grecques ou françaises.

Mais laissons les superstitieuses jeunes filles de l'archipel grec consulter sur leur avenir leur *kledonia* ou ceinture de pommes, et revenons à notre arbre chéri, le pommier à cidre.

Il y a, sur ce sujet, une vérité fâcheuse à dire, mais la vérité doit passer avant tout : c'est que bien peu d'arbres en Normandie sont plus mal élevés, plus mal soignés que le pommier à cidre, et que la plus grande négligence préside, trop souvent, à la récolte de ses fruits, ainsi qu'à la confection de la boisson qu'il produit.

Quelques cultivateurs, sortis de l'ornière de la routine, donnent maintenant à leurs arbres des soins intelligents ; mais ce ne sont là que de rares exceptions, qui font désirer plus vivement encore que tous les hommes appelés à s'occuper de cette partie si importante de notre agriculture, soit comme propriétaires ou locataires, soit comme simples employés, sachent comment il faut opérer pour conserver au pommier la santé, la vigueur, la durée, l'abondance, et la bonne qualité des produits qui, dans l'état normal, appartiennent à son espèce.

Pour répandre et vulgariser, autant que possible, la connaissance des principes généraux sur lesquels repose le succès de notre arboriculture fruitière rurale, ainsi que les opérations qui sont la conséquence de ces principes, nous avons pensé qu'un petit manuel spécial serait utile; qu'il pourrait même porter ses fruits dans les mains des instituteurs des communes rurales, qui, ayant l'importante mission de former le cœur et l'esprit de la génération naissante, pourraient en même temps inculquer à leurs élèves les premières notions de travaux auxquels beaucoup d'entr'eux seront, dans un âge plus avancé, appelés à prendre part, et, nous appuyant sur une longue suite de travaux, d'expériences et d'observations, nous avons entrepris ce travail avec le sincère désir qu'il puisse atteindre le but que nous nous sommes proposé en le faisant.

Nous avons cru devoir diviser ce traité en deux parties principales. Nous exposons succinctement dans la première les résultats plus ou moins fâcheux des procédés encore généralement en usage ; on trouvera dans la seconde l'indication de toutes les opérations propres à assurer le succès de cette culture aux différentes époques de la vie du pommier.

Tout ce que nous dirons du pommier est également applicable au poirier. Ces deux arbres ont tant de rapports entr'eux, soit dans leur physionomie et les détails de leur organisation, soit dans les soins qu'ils exigent, que le célèbre Linnée et ses continuateurs les ont réunis dans un seul et même genre ; d'autres botanistes en ont cependant fait deux genres différents.

Nous n'examinerons pas ici la valeur des caractères qui ont servi à distinguer le poirier commun ou cultivé, du pommier, soit comme congénères, soit comme espèces appartenant à des genres différents, parce que la question scientifique est inutile à traiter dans ce manuel, attendu que les arbres dont nous nous occupons sont trop bien connus, surtout des habitants de la campagne, pour qu'il soit utile de les décrire. Mais nous croyons devoir, néanmoins, indiquer un caractère simple, constant, permanent sur les arbres pendant huit mois de chaque année, lequel suffit pour distinguer, en cas d'hésitation, les nombreuses variétés du pommier cultivé, de celles, non moins nombreuses, du poirier.

Voici en quoi consiste ce caractère différentiel, tellement ignoré ou négligé par les botanistes, qu'aucun, à notre connaissance, n'en a encore fait mention.

Les feuilles du poirier n'ont, en dessous, qu'une côte ou nervure saillante, laquelle occupe le milieu du limbe et fait suite au pétiole ou queue de la feuille, et les deux côtés de cette nervure sont unis et lisses. Les feuilles du pommier, au contraire, ont en dessous plusieurs nervures saillantes qui sont des ramifications de celle du centre et s'étendent obliquement sur les côtés.

PREMIÈRE PARTIE.

EXAMEN CRITIQUE DES DIVERS USAGES GÉNÉRALEMENT SUIVIS POUR L'ÉDUCATION, LA TRANSPLANTATION, LA CONSERVATION, ETC., ETC., DES POMMIERS A CIDRE.

FORMATION D'UNE PÉPINIÈRE.

1° Choix de l'Emplacement.

Lorsqu'on crée une pépinière pour les besoins d'une propriété rurale, on l'établit fort souvent dans une très-mauvaise place, telle que l'angle d'une cour entourée de haies vives dans lesquelles sont des grands arbres, ou bien dans un étroit espace compris entre le derrière d'un bâtiment et une haie; le tout sous le prétexte d'avoir un abri ou dans des vues d'économie de clôture, et, pour s'épargner les minimes frais d'un ou de deux bouts de haie, on perd une grande partie des plants, parce que les uns sont étiolés soit par l'ombre des bâtiments, soit par celle des arbres, et d'autres ne peuvent prospérer parce que la terre dans laquelle ils sont est sans cesse épuisée, dévorée par les racines des haies et par celles des grands arbres qui, presque toujours, sont dans ces haies.

2º Choix des Plants.

Une économie mal entendue fait souvent donner la préférence aux plants de deuxième et de troisième choix, à cause de leur prix peu élevé.

C'est un tort, quoique les plants de second choix ne soient pas tous à dédaigner, et qu'il s'en trouve dont on obtient parfois d'aussi beaux arbres que du plant baliveau ; mais il est incontestable qu'entre deux plants de même âge, excrus dans le même sol et ayant reçu les mêmes soins, mais de force différente, le plus grand, le plus gros surtout doit être préféré.

3º Préparation du Plant.

Beaucoup de gens, sous prétexte d'empêcher les pommiers de *pivoter*, coupent leurs racines à moitié longueur et font presque des boutures de leurs plants, dont la reprise devient ainsi plus laborieuse, plus lente et moins complète.

En opérant ainsi, on semble dire à Dieu qu'il a eu tort de donner tant de racines aux arbres.

4º De la Distance qu'on met habituellement entre les Plants.

C'est une erreur de croire que plus on mettra de plants dans une surface donnée, plus on aura d'arbres.

Le pommier, qui doit rester de sept à dix ans dans la pépinière, afin d'acquérir la force nécessaire pour être planté à demeure, a besoin de beaucoup d'air et de lumière pour développer sa tige et sa tête, et d'une étendue suffisante de terrain pour se former un bon pied.

Dans une pépinière où les plants sont trop pressés, comme, par exemple, 66 centimètres entre les rangs, et 30 à 40 centimètres entre les individus dans les lignes, on n'obtient souvent que des arbres mal enracinés, dont la tige mince, étiolée, n'a pas plus de grosseur à la base qu'au sommet, ou bien, ce qui arrive le plus ordinairement, quelques arbres plus vigoureux prennent le dessus, arrêtent la croissance de leurs voisins, qu'ils finissent par anéantir, et, dans ce cas, tel qui a planté 1,000 plants est heureux d'en retirer 5 à 600 arbres, nous ne disons pas très-bons, mais passables.

5º **De l'Éducation des Plants et de la Formation des Tiges.**

Si une tige droite n'est pas une chose indispensable à la formation d'un bon pommier, au moins est-elle nécessaire pour les plantations neuves, bien alignées, et, dans tous les cas, elle est toujours plus agréable.

Or, pour obtenir des tiges droites, il faut des soins annuels de taille, de pincement, de torsion, etc., faits avec intelligence, et c'est ce que l'on fait rarement.

Dans les pépinières qui ne sont pas tout-à-fait négligées, on enlève presque toujours trop tôt et en totalité les pousses qui viennent au long de la tige, et comme ces pousses et leurs feuilles surtout avaient pour mission de faire grossir la tige, leur enlèvement prématuré arrête ce mode d'accroissement, et de là ces arbres dont la tige est toujours trop mince, surtout de la base.

6º De la Greffe.

Dans beaucoup de localités, on tient singulièrement à ne greffer que sous l'influence de certaines phases de lune; quelques-uns même tiennent compte de cette circonstance pour cueillir les greffes; on croit aussi qu'il est nécessaire qu'il y ait un peu de bois de deux ans à la base de chaque greffe, et de braves gens, ignorant complètement comment une greffe s'unit à son sujet, s'imaginent qu'il faut opérer la greffe en fente (la seule que l'on pratique en grand à la campagne) sous l'influence d'un vent doux, tel que celui du midi, pour en assurer la reprise.

Ce sont là autant de vieux préjugés qu'il serait bien temps de voir disparaître entièrement.

La lune, dont nous ne nions pas l'influence sur certaines choses, est fort innocente des mécomptes que, dans ce cas, les cultivateurs éprouvent.

Un greffeur de la campagne qui aura été contraint de greffer, contre son habitude, sans égard aux phases lunaires, sera très-heureux, s'il a manqué son opération, de pouvoir mettre sa maladresse sur le compte de la lune.

Mais les véritables greffeurs ne s'occupent guère de la lune, et greffent sans égard à ses quartiers. Ils ne tiennent nullement à ce qu'il y ait du bois de deux ans au bas de leurs greffes, parce qu'ils savent que ce soin, inutile à tous égards, a l'inconvénient de faire mutiler considérablement les arbres auxquels on prend des greffes, puisqu'un rameau ne peut faire qu'une greffe, tandis qu'avec un seul rameau ils en font plusieurs, beaucoup même, s'il est très-long.

Et quant à la direction du vent au moment de l'opération, c'est encore là une chose bien insignifiante, pour le succès de la greffe en fente surtout, puisque cette greffe, comme toutes celles par scions ou rameaux, ne peut entrer en végétation qu'au retour de la belle saison, qu'on l'ait faite avant, pendant ou après l'hiver.

7º De la Négligence habituelle en ce qui concerne les Greffes.

La greffe en fente, quoique la plus usitée à la campagne, a de notables défauts. Pour la placer, il faut fendre la tige du sujet dans toute son épaisseur, et cette fente, d'autant plus longue que la tige est plus grosse, est un gouffre que la sève ne peut remplir et fermer en une seule année; la négligence que l'on met à la tenir constamment couverte permet à l'eau de s'y introduire, ce qui amène la pourriture du bois, et cette carie, augmentant sans cesse à l'intérieur, abrége la durée des arbres, les rend plus susceptibles d'être rompus et même déracinés par les grands vents, parce que la pourriture s'est étendue jusqu'aux grosses racines, lesquelles ne peuvent plus présenter de résistance.

Les vents, les gros oiseaux cassent ou décolent souvent des greffes ; c'est encore le résultat de la négligence des greffeurs, qui doivent toujours protéger leurs greffes en attachant à la tige du sujet, avec de l'osier, une branche ou tuteur dont l'extrémité servira plus tard à fixer et maintenir les bourgeons ou pousses de la greffe.

8° Formation de la Tête des Arbres.

Que l'arbre ait été greffé en pied ou en tête, on a dû arrêter sa tige à hauteur convenable, pour faire développer les branches destinées à former sa tête ; mais, au lieu de bien espacer ces branches, de n'en conserver qu'un petit nombre, pour qu'elles puissent toujours exister, et de leur laisser beaucoup de longueur, on les conserve toutes en les coupant, à la fin de chaque hiver, extraordinairement court, sans calcul, sans raisonnement, sans avoir examiné quelle est la direction du bouton sur lequel on a taillé, etc.

Il résulte de cette taille vicieuse, ou plutôt de cette mutilation, qu'après trois ou quatre ans, la tête du pommier est un buisson informe dont les branches nombreuses et très-ramifiées livreraient à peine passage à un chat, et pourtant, dans un temps plus reculé, il faudra qu'un homme y passe.

Mieux vaudrait laisser les arbres pousser librement et sans y employer la serpette, que de les épuiser ainsi, en les excitant à reproduire chaque année des pousses nouvelles qu'on supprime presqu'en entier l'année suivante ; car le résultat inévitable de cette taille vicieuse, outre l'épuisement, sera de couper plus tard, à la serpe, de fortes branches, parce qu'on aura négligé de les supprimer à l'aide de la serpette lors de leur premier développement ; et de ces amputations résulteront de grandes plaies qui ne se cicatriseront que lentement et très-incomplètement ; et la pourriture du bois, par les coupes non recouvertes, produira plus tard les mêmes effets que la fente négligée des greffes.

DE LA PLANTATION A DEMEURE.

9° Enlèvement des jeunes Arbres de la Pépinière.

Nous aurions bien voulu dire qu'on *déplante* les pommiers de la pépinière pour les mettre en place ; mais, comme très-souvent on écourte leurs racines à coups de bêche ou de houe, ou bien qu'après les avoir un peu déchaussés, on les tire violemment, sauf à rompre toutes celles de leurs racines qui sont contournées, nous nous croyons obligé de dire qu'on les *arrache*.

Souvent encore, on les laisse exposés le pied à l'air, ce qui dessèche leur chevelu, s'il en est resté, ou à la pluie, qui les lave, et quelquefois aussi sous l'influence désorganisatrice de la gelée. Il ne faut pourtant pas beaucoup de science pour comprendre que les racines, destinées à vivre et à croître uniquement dans la terre, doivent souffrir de leur exposition à l'air, à la lumière, aux intempéries atmosphériques, et qu'elles ne doivent y rester que le moins possible.

Une autre négligence qui compromet aussi beaucoup le succès de la transplantation des arbres lorsqu'on opère à une époque où ils sont encore en végétation, tel qu'au commencement de novembre, est la conservation des feuilles après la déplantation. Alors qu'elles ne resteraient ainsi attachées aux rameaux que pendant un jour, la mortalité des petites racines en serait la conséquence, parce que les feuilles, continuant à absorber, sous l'influence de la lumière, les sucs séveux contenus dans l'arbre, qui ne peut plus en puiser dans le sol, dessèchent toutes les parties jeunes et tendres, telles que les radicules et les pousses nouvelles.

Il est donc indispensable d'effeuiller les arbres en même temps qu'on les déplante, si la saison permet qu'ils aient encore des feuilles vertes.

10° **Préparation des Arbres et du Sol pour la mise en place.**

On ne doit jamais craindre de faire de grands trous, de vastes défoncements, pour planter; le prompt accroissement des arbres dédommagera amplement de ces premiers frais.

La préparation du sol est peut-être ce que l'on fait de moins mal; mais on ne saurait en dire autant de celle des racines.

Trop souvent on voit des planteurs écourter le pied d'un arbre, comme s'ils avaient à utiliser la partie coupée des racines; ils appellent cela arrondir le pied.

D'autres, plus soigneux, conservent les racines longues; mais il en est encore beaucoup qui, au lieu de les étendre à la main au fur et à mesure qu'on remplit le trou, se contentent de faire jeter de la terre sur le pied de l'arbre et de piétiner cette terre quand il y en a suffisamment.

Cette opération a pour résultat une mauvaise direction donnée aux racines flexibles, par le poids de la terre, et souvent leur réunion en paquets, où les plus faibles s'échauffent, moisissent et pourrissent.

Nous devons signaler encore une pratique vicieuse qui consiste à faire pénétrer la terre entre les racines au moyen d'un piquet pointu.

Beaucoup de vieux planteurs croiraient mal planter si, tenant l'arbre d'une main, ils n'avaient pas dans l'autre un piquet bien affilé avec lequel ils donnent, à travers la terre qu'on jette sur le pied de l'arbre, force coups d'estoc, lesquels, en heurtant violemment les racines, leur font autant d'excoriations ou de contusions.

L'emploi d'un piquet pour faire pénétrer la terre entre les racines n'est utile que pour les gros arbres qu'on ne peut secouer et dont les racines sont trop grosses pour être soulevées, dirigées à la main, et il ne faut en user qu'avec l'attention de ne pas blesser les racines entre lesquelles on l'introduit.

Les pommiers, une fois plantés à demeure, sont exempts de ce qu'on est convenu d'appeler les soins de la pépinière; mais d'autres soins aussi mal entendus ou plutôt d'autres négligences et d'autres accidents les attendent.

11° Des Armures qu'on donne ordinairement aux Arbres.

Beaucoup de propriétaires font maintenant la dépense de pieux dont ils mettent autour de chaque arbre 2, 3 ou 4, qu'ils réunissent par des traverses. C'est sans contredit ce qui vaut le mieux pour protéger les arbres contre les bestiaux et contre les vents; mais il n'en est pas ainsi partout.

Dans beaucoup d'endroits, on donne encore aux arbres des armures qui souvent les blessent plus qu'elles ne les protègent, et qui, dans aucun cas, ne peuvent les maintenir contre l'action des vents, telles sont les épines, les lattes à clous.

Sous le prétexte de garantir du choc des essieux, des palonniers, des colliers des chevaux, etc., la tige des jeunes pommiers qui sont dans les champs labourés, on les enveloppe complétement dans les tours serrés et pressés d'une corde en paille, jusqu'à un mètre ou un mètre cinquante centimètres de haut.

Les mauvais effets de ce préservatif, qui n'empêche nullement les arbres d'être renversés lorsqu'ils sont violemment heurtés, sont d'opérer souvent des strangulations sur la tige; et surtout de la priver du contact de l'air et de la lumière, toujours si profitables aux jeunes écorces. Enfin, sous cette paille en permanence, divers insectes ennemis des végétaux se multiplient en toute sécurité.

12º Des Arbres inclinés.

Beaucoup de pommiers, dans les champs surtout, sont inclinés par les vents, et, dans nos localités, par le vent d'ouest, à tel point qu'un étranger égaré pourrait s'orienter rien qu'en regardant la tige de ces arbres.

La plupart ont été ainsi penchés dans leur jeunesse, faute d'une armure de pieux à laquelle on aurait pu les attacher, ou de quelques gazons empilés contre la tige à l'opposé du vent dominant et tassés avec le pied, moyen fort simple qui, dans beaucoup de cas, peut suffire pour maintenir un arbre verticalement.

La négligence qu'on met dans ce cas rend les arbres désagréables, gênant pour la culture et la circulation et plus susceptibles d'être renversés par les grands vents.

13º Des Drageons qui croissent au pied des arbres.

Nombre de pommiers poussent des jets de leurs racines, et ces jets absorbent, au détriment de la tête de l'arbre et sans aucun profit, une certaine quantité de sève. Le simple bon sens dit qu'il faudrait déchausser ces jets jusqu'au-dessous de leur naissance et les couper rez-tronc, afin qu'ils ne repoussent pas; mais ce n'est pas ainsi qu'on opère habituellement.

Les plus soigneux passent la lame d'une bêche entre la tige de l'arbre et les jets, puis, frappant vigoureusement, ils meurtrissent l'une, éclatent, déchirent les autres dans le pied qui leur a donné naissance, et forment ainsi des plaies dont la cicatrisation absorbe de la sève sans avantage pour l'accroissement de l'arbre.

Mais le plus souvent on ne s'occupe pas des drageons; dans ce cas, les vaches, les moutons sont seuls chargés du soin d'arrêter, en les broutant, leur trop grand développement.

Dans les terres arables, les contusions et les excoriations par les essieux, les palonniers de la charrue, les colliers des chevaux, etc., ne manquent pas aux pommiers, parce qu'on laboure le plus près possible de leur pied, afin d'avoir moins de terre à retourner à bras d'homme ; de là, ces plaies, ces chancres sans cesse renaissants qui, s'ils ne tuent pas les arbres, les arrêtent dans leur accroissement, amoindrissent leurs produits et abrégent leur durée.

14º Récolte des Fruits.

La récolte des fruits est souvent aussi une cause de mutilation pour les pommiers.

Au lieu d'attendre que les pommes soient suffisamment mûres pour se détacher facilement par l'ébranlement des branches, que l'on produit soit en montant dessus, soit en les saisissant vers l'extrémité avec un crochet, on les attaque souvent trop tôt, et, comme elles ne se détachent pas encore facilement, on frappe dessus à coups de gaule. En abattant ainsi les fruits on brise et on abat également beaucoup de lambourdes, de boutons à feuilles qui se seraient transformés en boutons à fleurs pour la récolte suivante.

15º De la Manière dont on conserve les Fruits.

Si la qualité du cidre dépend de la propriété des instruments et des vases, de la température, de la manière d'écraser, de presser les pommes, ainsi que de la fermentation de leur jus, elle tient aussi beaucoup au mode de conservation des fruits, à leur état de maturité et au mélange

2.

de certaines variétés dans des proportions données.

Si les cultivateurs savaient combien la pluie détériore leurs pommes amoncelées dehors, à défaut de bâtiments suffisants pour les rentrer, ils construiraient des hangars économiques au moyen de paillassons formés et soutenus par des gaulettes, pour les mettre à l'abri de ce lavage, qui, répété, entraîne, sans qu'on sans doute, une partie du suc des pommes, surtout lorsqu'elles sont mûres ou près de l'être.

Si cette vérité pouvait être méconnue, je dirais aux incrédules : « Mettez une pomme saine, entière, à peu près mûre, dans un verre d'eau claire, et laissez-la ainsi pendant sept ou huit jours; après ce temps, vous trouverez l'eau colorée d'une teinte roussâtre et la pomme à peu près sans saveur. » Or, comment expliquer cela, sinon par ce fait qu'une partie du suc de la pomme a sorti par les pores de sa peau et est répandue dans l'eau, qui en a pris la place en pénétrant dans la pulpe ?

On doit donc récolter les pommes par un temps sec et les mettre de suite à l'abri de la pluie.

L'usage de mêler ensemble et comme elles se trouvent toutes les variétés de pommes est aussi très-vicieux, et voici pourquoi :

Ces variétés diverses, alors qu'elles seraient de la même saison, ne sont pas toutes en même temps au même point de maturité, ne se conservent pas toutes également bien, et il résulte de cet état de choses que, pour attendre la maturité des plus tardives, on laisse pourrir les autres; et personne, ce me semble, n'oserait affirmer que la pulpe des pommes décomposées par la pourriture peut donner un jus propre à faire de bon cidre ; ou bien, pour éviter cet inconvénient, on pile les pommes trop tôt et celles qui ne sont pas encore mûres ne rendent qu'un jus incolore très-disposé à tourner à l'acide.

Il y a donc avantage à séparer les variétés, parce que, chaque tas ne se composant que de fruits également mûrs, on n'est pas exposé à écraser des pommes vertes ou des pommes pourries avec celles dont la couleur ainsi que l'odeur pénétrante indiquent le parfait état de maturité.

Cet avantage n'est pas le seul qui résulte de la mise à part de chaque espèce ; on se réserve par ce procédé la faculté d'opérer, dans des proportions convenables, le mélange de certaines variétés, pour en obtenir un cidre de la meilleure qualité.

Les bons praticiens savent par expérience que telle pomme qui, seule, donnerait un cidre aigre et pâle, étant mélangée avec telle autre dont le jus épais, sirupeux, s'éclaircirait difficilement seul ou noircirait à l'air, fera une boisson de très-bonne qualité.

Il serait difficile de généraliser utilement les bases d'après lesquelles on doit opérer, au point de vue de la fabrication du meilleur cidre, le mélange des variétés, parce que la nature du sol, l'exposition, l'âge des arbres influent beaucoup sur la qualité des sucs des fruits et aussi parce qu'il est à-peu-près impossible de s'entendre sur l'identité des variétés, dont la nomenclature varie suivant les localités.

Cette partie importante de la fabrication du cidre ne peut donc être éclairée que par les essais répétés et suivis de praticiens bons observateurs.

Nous savons que des cultivateurs intelligents opèrent convenablement dans ce sens; mais aucun n'a encore pensé à aider ses confrères par la publication des procédés qu'il doit à son expérience, et cela est très-regrettable.

L'action de la gelée sur les pommes influe aussi très-désavantageusement sur la qualité du cidre, et presque toujours les pommes tardives sont conservées sinon dehors, au moins dans des bâtiments très-perméables au froid.

Dans cette circonstance, on peut facilement empêcher la gelée d'atteindre les pommes, en couvrant les tas avec une couche de paille de 25 à 30 centimètres d'épaisseur, qu'on enveloppe de toiles mouillées, telles que bâches de voiture, draps, etc.

Ce moyen simple et facile n'est ni nouveau, ni inconnu; mais il est trop peu usité.

Nous bornons là nos récriminations contre les négligences et les mauvais traitements dont les pommiers sont trop généralement victimes, et, quoique cette énumération soit loin d'être complète, nous croyons en avoir assez dit pour démontrer tout l'avantage qu'il y aurait à mieux soigner cet arbre, qui est à la Normandie ce que la vigne est aux contrées plus favorisées par la température.

Faire mieux qu'on ne fait généralement dans ce cas n'est ni plus difficile, ni plus dispendieux; c'est ce que nous nous proposons de démontrer dans la seconde partie de ce manuel.

SECONDE PARTIE

CONTENANT L'INDICATION DES DIVERSES OPÉRATIONS AU MOYEN DESQUELLES ON PEUT ÉLEVER DE BEAUX ET BONS POMMIERS, LES TRANSPLANTER AVEC SUCCÈS, LEUR ASSURER UN DÉVELOPPEMENT SATISFAISANT, UNE LONGUE DURÉE, ET TIRER LE MEILLEUR PARTI POSSIBLE DE LEURS PRODUITS.

§ Ier. DE LA PÉPINIÈRE.

Il y a pour le pommier, comme pour la plupart des autres arbres, deux espèces de pépinières : celle de *multiplication*, où l'on sème les pépins ou graines récoltés à cette intention, et celle dite d'*éducation*, dans laquelle on transplante les plants de semis pour les élever, les diriger, jusqu'à ce qu'ils soient de force convenable pour être plantés à demeure. Cette pépinière se distingue de la précédente en ce qu'elle n'est pas, en réalité, un moyen de multiplication, puisqu'elle ne peut jamais rendre plus d'arbres qu'elle n'a reçu de plants; elle en rend même presque toujours moins, parce qu'il y a de ces plants qui, soit par la nature de leur organisation, soit pour ne pas avoir eu une part suffisante d'air et de lumière, ne peuvent jamais se développer d'une manière satisfaisante.

1º Choix du Sol.

L'emplacement pour une pépinière doit être choisi à l'abri des grands vents, mais assez loin de toute plantation pour que le terrain destiné aux jeunes plants et préparé pour eux ne puisse être envahi par les racines d'arbres voisins.

Si le sol dont on peut disposer est argileux et compacte, l'exposition et une légère inclinaison au midi valent mieux que toute autre situation ; mais s'il est, au contraire, léger et sec, une surface horizontale et l'orientement au nord ou à l'est sont à préférer.

Dans les terres fortes à surface droite et à sous-sol glaiseux ou peu perméable, les arbres se couvrent de *lichens* (sortes de mousses grises); dans les terres sableuses, ils languissent et meurent souvent chaque année par l'extrémité de leurs pousses, tandis qu'ils sont sujets à la *chlorose* (jaunisse) dans celles où l'élément calcaire (le crayon ou carbonate de chaux) est trop abondant.

Comme on le voit, la nature du terrain et son exposition ne sont pas choses indifférentes pour le succès d'une pépinière.

Lorsque les arbres d'une pépinière doivent être employés dans la localité, le terrain le plus convenable pour l'établir est celui qui, par sa composition, se rapproche le plus de la plus grande partie des terres de la localité, parce que les jeunes arbres changeant de place, mais sans changer de sol, n'éprouvent aucun changement dans la nature des éléments de leur nutrition; ce qui facilite singulièrement leur reprise.

Pour la pépinière de semis, on préfère, en général, une terre plus légère que forte, bien divisée; mais pour la pépinière d'éducation, une terre plus consistante ou contenant plus d'argile que de sable est celle qui convient le mieux; si elle ne contient pas l'élément calcaire, il est bon d'y mettre de la marne.

L'emplacement choisi, on doit procéder au défoncement de toute la surface, par un temps plutôt sec qu'humide, comme en août, septembre ou octobre, afin d'éviter de gâter la terre en la travaillant lorsqu'elle est trop fraîche. On laissera la surface un peu grossière, afin qu'elle s'améliore au contact de l'air et de la lumière, et qu'elle se divise plus facilement.

La profondeur du défoncement est suffisante à 35 ou 40 centimètres pour la pépinière de semis, parce que les plants y restent fort peu de temps; 50 centimètres sont un terme moyen assez convenable pour les pépinières d'éducation; trop profond, il exciterait les racines à pivoter, les arbres seraient moins bien enracinés et leur reprise, lors de la transplantation, plus difficile.

Quelle que soit la profondeur qu'on ait adoptée pour le défoncement, les différentes couches de terre qui se présentent doivent être mélangées, afin d'obtenir un sol autant homogène que possible; mais si l'on opère sur un terrain en friche, le gazon sera placé au fond des tranchées.

Les engrais et les amendements, lorsqu'ils sont jugés utiles, doivent être employés avec discernement. Les engrais animaux et végétaux réduits à l'état de terreau bien divisé conviennent parfaitement aux pépinières de semis, parce que ces terreaux, répandus généreusement et bien incorporés avec le sol à la profondeur à laquelle les graines doivent être enterrées et développer leurs racines, facilitent, excitent même une prompte germination et un développement des plus satisfaisants; mais il n'en est pas ainsi de la pépinière d'éducation, pour laquelle il faut être avare d'engrais et surtout d'engrais vifs d'écurie et d'étable, parce que rien ne fait développer plus de chancres sur les jeunes pommiers qu'une terre trop grasse, trop fumée ou trop humide.

Quoiqu'il n'y ait pas d'avantage à semer soi-même le plant de pommier qu'on se propose de mettre en pépinière et qu'on a souvent plutôt fait d'acheter la quantité de plants dont on a besoin, nous croyons devoir, néanmoins, dire un mot sur la manière d'opérer le semis de pommier, parce qu'il peut convenir à quelques personnes d'avoir des plants de certains arbres vigoureux, remarquables à divers titres et dont

3

elles auraient l'espoir d'obtenir quelques variétés méritantes, lesquelles pourraient remplacer avec avantage celles qui deviennent de plus en plus malades et improductives.

2º Préparation et Semis des Pépins de pommes.

On prend du marc de pommes qu'on frotte entre les mains dans un baquet ou autre vase plein d'eau, de manière à diviser la pulpe écrasée et à la séparer des pépins. Après quelques instants de repos, on décante pour rejeter le marc et les pépins stériles, qui sont restés sur l'eau. Les pépins qu'on trouve au fond du vase sont les seuls dont on doive faire usage. Il faut les faire sécher complètement et les conserver en lieu sec jusqu'au moment de les confier à la terre.

C'est après les grands froids, comme en février, que le semis doit avoir lieu, parce que les graines des pommiers, comme celles des poiriers, ne conservent pas longtemps leur faculté germinative.

La terre étant bien préparée, divisée et suffisamment amendée avec du terreau, on trace des sillons de 25 à 30 millimètres de profondeur et distants l'un de l'autre de 18 à 24 centimètres. (La charrue et la herse ne sont employées pour le semis du pommier que dans les grandes exploitations où ces semis sont une spécialité, comme on en voit dans quelques communes du Roumois.) On sème dans ces rayons et l'on recouvre au râteau. Si la terre est sèche, on la tasse légèrement avec le rouleau ou avec le dos d'une pelle.

On peut aussi semer à la volée ; mais les sarclages sont plus difficiles et les binages, si utiles, si faciles dans les semis en rayons, sont à-peu-près impossibles dans le semis à la volée.

Que le semis ait été fait en rayons ou bien à la volée, il convient que le terrain ensemencé, s'il est de peu d'étendue, soit couvert de terreau ou d'un paillis fin, pour conserver l'humidité et empêcher la surface de durcir et de se fendre.

On réussit quelquefois en brisant tout simplement le marc sur la terre, à laquelle il sert de terreau, et en le mêlant avec, tant bien que mal, ainsi que les pepins qu'il contient, par un hersage vigoureux fait avec les dents de la fourche.

Lorsque les jeunes plants ont quelques centimètres de haut, on les éclaircit, s'ils sont trop rapprochés, en enlevant les plus faibles, et ce, autant que possible, à la veille d'une pluie ; dans le cas contraire, on doit arroser pour affermir la terre au pied des plants conservés.

Les soins de culture, pendant le temps de la végétation, consistent en sarclages pour détruire les mauvaises herbes et en binages fréquents pour tenir meuble la surface du sol.

Après une année de végétation, on fait usage

du plant, parce que les pommiers choisis, d'un an, sont préférables à ceux plus âgés.

3º Déplantation et Choix du Plant.

Pour obtenir le plant avec toutes ses racines, il faut lever le tout à tranchée ouverte, pour faire son choix ensuite, et non enlever le plus fort à la main comme cela se fait assez souvent, parce qu'on brise ainsi et qu'on laisse dans la terre une partie des racines. Cette déplantation ne doit avoir lieu généralement que lorsqu'on est prêt à planter.

A âge égal, le plus fort plant est le meilleur, non le plus haut, mais bien le plus gros du pied, celui qui, dans le carré, jouissait de plus d'air et de lumière, parce que, n'ayant point été pressé, étiolé par ses voisins, il a le collet plus gros, plus robuste, et des racines plus nombreuses et plus ramifiées. Ceci doit faire comprendre qu'il est dangereux de semer trop dru, puisqu'il n'en résulte que des plants minces, élancés, dépourvus de racines latérales.

4º De la Pépinière d'éducation. — Epoque de la Plantation des plants. — Préparation de leurs Racines. — Distances à réserver entr'eux.

Dans les terres légères comme dans celles de consistance moyenne, la plantation peut avoir lieu aussitôt après la chute des feuilles, en novembre ou au commencement de décembre; mais dans les sols argileux, dont la surface a besoin de mûrir, de s'améliorer aux alternatives de gelée et de dégel, et dont le peu de perméabilité pourrait nuire aux racines par excès d'humidité, en hiver, on préfère planter fin de février ou en mars.

La préparation ou *habillage* des racines consiste à les raccourcir un peu, pour arrondir le pied s'il est ramifié, ou bien à supprimer l'extrémité du pivot, s'il y en a un, et seulement au point où il diminue sensiblement de grosseur.

La distance à laisser entre les plants devrait être la même dans tous les sens; mais le besoin d'utiliser le sol et en même temps de ménager un accès libre et facile entre les lignes, tant pour l'air et la lumière que pour les travailleurs, fait qu'on donne généralement plus d'espace entre les lignes qu'entre les individus dans chaque ligne.

L'éducation des pommiers pouvant durer, terme moyen, huit à neuf ans, un mètre de distance entre les lignes et de cinquante à soixante centimètres entre les individus dans les lignes, paraît suffisant.

De cette disposition il résulte que l'air et le soleil pénètrent bien plus facilement dans la direction des lignes que dans le sens opposé; aussi doit-on tenir compte de la nature du sol dans le choix de la direction à donner aux lignes lorsqu'on peut les diriger à volonté, c'est-à-dire que, dans les terrains légers, où les arbres ont besoin de se protéger réciproquement contre la sécheresse et l'ardeur du soleil, la direction des rangs doit être de l'est à l'ouest, tandis que dans les terres humides et froides on doit diriger les rangs du nord au sud, afin que le soleil du midi puisse pénétrer entr'eux jusqu'au sol et le réchauffer.

5o Mode de Plantation des Plants.

Le tracé des lignes étant opéré sur le terrain, on procède à la plantation, soit à la bêche, soit au piquet ou plantoir.

La plantation au plantoir ne peut convenir que pour les plants qui n'ont, pour toutes racines, qu'un pivot. La plantation à la bêche est préférable sous tous les rapports : elle permet de laisser les racines libres dans leur direction naturelle, avec toute la longueur désirable, et de les garnir de terre fine.

On ne raccourcit jamais la tige des plants l'année de leur plantation, à moins qu'elle ne soit mince et très-élancée; dans ce cas, on en supprime le tiers ou la moitié au plus, afin qu'elle puisse tenir verticalement, mais en laissant assez de longueur et par conséquent assez de boutons pour qu'il y ait production de beaucoup de feuilles, lesquelles favoriseront la reprise en élaborant de la sève et en produisant de nombreuses radicules.

6o Éducation des Plants.

Après deux ou trois ans de plantation, les jeunes pommiers doivent avoir à peu près la grosseur du doigt. Il est temps alors de nettoyer leur tige de ses pousses latérales jusqu'à 20 ou 30 centimètres au-dessus du sol, s'ils sont destinés à être greffés en pied, afin de préparer la place de la greffe. Si, au contraire, on désire greffer en tête ou, ce qui revient au même, former la tige de l'arbre par le développement de celle du plant, on a dû, dès la seconde année après la plantation, visiter la pépinière et favoriser le développement en hauteur des plants ayant de la disposition à pousser droit, et ce, en éboutant les bourgeons ou pousses des côtés, afin d'obliger la sève à se porter davantage dans le bourgeon terminal. Quant aux plants dont la tige a pris une mauvaise direction, qu'un tuteur ne saurait faire disparaître convenablement, il faut, lorsqu'ils ont une grosseur suffisante, celle du doigt, par exemple, ce qui doit avoir lieu après 2 ou 3 ans au plus de plantation, les rabattre ou receper à quelques centimètres au-dessus du sol, en laissant la coupe en biseau et tournée vers le nord, afin d'obtenir un jet droit et vigoureux. Ce recepage doit avoir lieu après les grands froids et avant le retour de la végétation, c'est-à-dire en février ou en mars.

Les plants ainsi rabattus produisent au printemps plusieurs bourgeons, parmi lesquels il faut choisir le plus plus fort et le plus droit pour former la tige et supprimer les autres, si le pied du sujet est gros, ou les pincer seulement si leur présence est encore nécessaire pour faire grossir le pied.

Si le scion conservé pour former la tige est très-vigoureux, il poussera sur ses côtés des bourgeons anticipés qu'on aura soin de pincer au fur et à mesure qu'ils auront atteint 25 à 30 centimètres de long.

Que les plants aient été greffés en pied, ou bien qu'on les élève pour les greffer en tête, l'éducation de la tige est la même : on doit veiller à la conserver droite et à la faire grossir convenablement.

Une jeune tige peut cesser de pousser droit, parce que son bourgeon terminal aura été coupé par l'espèce d'insecte coléoptère qu'on nomme *lisette*, *coupe-bourgeon*, *taille-bois*, *etc.*, ou bien par le développement d'un chancre qui qui aura obligé à rabattre le haut sur un bouton latéral. Dans ces divers cas, le bourgeon de prolongation de la tige étant le produit d'un œil ou d'un bouton placé sur le côté, pousse ordinairement dans une direction oblique ascendante, ce qui produirait une tige crochue, si l'on n'y remédiait. On redresse alors le bourgeon de prolongation à l'aide d'un tuteur, ou, ce qui ne coûte rien et est plus expéditif, en tordant autour de sa base un bourgeon voisin pris dans une direction opposée.

Les pousses qui viennent au long de la jeune tige doivent être conservées jusqu'à ce que celle-ci ait assez de grosseur pour être greffée ;

mais on a soin d'arrêter le développement trop considérable de ces pousses en les réduisant à 20 ou 30 centimètres de long, soit par le pincement en mai et commencement de juin, soit par la torsion un peu plus tard et lorsque les bourgeons ont déjà pris un peu de consistance, ou bien par le cassement, à la fin de l'hiver suivant, si l'on a manqué à faire le pincement ou la torsion en temps utile. Le cassement se faisant un peu plus court que les autres opérations précitées, comme à 15 ou 18 centimètres de long, pour ne pas obstruer les rangs, il doit avoir lieu également sur les rameaux qu'on aurait pincé le printemps précédent à 25 ou 30 centimètres, ainsi que sur les rameaux tordus pour en faire disparaître l'extrémité pendante par l'effet de la torsion.

La présence au long de la tige de ces bouts de bourgeons, de rameaux ou de branches, ayant pour résultat le grossissement de la tige en lui fournissant le contingent de sève descendante que leurs feuilles peuvent élaborer, leur conservation est très-importante, au moins jusqu'au moment où la tige, plus grosse du bas que du haut et présentant de la résistance à la main qui voudrait la courber, est de force à être greffée en tête, ou bien à former sa tête, si elle est le résultat d'une greffe faite en pied.

Mais la suppression de ces sortes de chicots, qui doit avoir lieu à la fin de l'hiver, ne doit jamais être opérée d'une seule fois, parce que cela laisserait sur la tige une trop grande quantité de plaies à cicatriser en une seule année.

Il faut donc, chaque année, faire des suppressions partielles, lesquelles doivent être rares pendant les deux ou trois premières années et ne porter que sur les rameaux ou les chicots les plus gros ainsi que sur ceux qui seraient trop rapprochés les uns des autres. Plus tard, on commence à dénuder la base de la tige, et on arrive ainsi successivement à la nettoyer en entier.

La manière d'enlever les chicots ou les branches et les rameaux éboutés n'est pas indifférente.

Couper tellement près de la tige que la plaie présente avec celle-ci une surface parfaitement unie, est une faute, parce qu'il en résulte une plaie plus grande, plus lente et plus difficile à cicatriser, laquelle altère la vigueur de l'arbre en absorbant plus de sève.

La coupe de ces productions, comme celle de toutes les branches et rameaux dont la suppression est jugée nécessaire, doit se faire de bas en haut, immédiatement au-dessus du renflement ou des rides circulaires de l'écorce qui se trouvent autour de l'extrême base des parties à supprimer, ce qui produit une faible saillie de 2 à 3 millimètres au-dessus de la surface de la tige. Par ce procédé, on fait une plaie moins grande, et le renflement conservé autour concourt puissamment à la prompte cicatrisation, en raison de ce qu'il contient plus de cambium que les parties lisses de l'écorce.

7° Culture du sol de la pépinière.

Un premier labour à la bêche ou avec la fourche à doigts plats est nécessaire après la plantation, aussitôt que le temps et l'état de la terre le permettent, afin de l'ouvrir pour la rendre plus perméable à l'air, à la chaleur, pour en renouveler la surface et détruire les herbes adventices ; ce labour est le seul qui puisse être fait profondément sans danger pour les racines, en évitant toutefois d'ébranler la terre qui enveloppe le pied des plants. C'est surtout dans les terres argileuses et compactes que ce labour profond est très-utile.

Pendant l'été, comme pendant les années suivantes, un ou deux labours très-peu profonds, dont un grossier, à l'entrée de l'hiver, pour que la gelée mûrisse la terre, et autant de binages qu'il en faut dans le temps de la végétation pour détruire les mauvaises herbes et tenir meuble la surface du sol, sont les seuls soins de culture nécessaires aux pommiers.

Mais dans les localités où l'on peut se procurer facilement du chaume, de vieille paille, des feuilles d'arbres, de la fougère, des *cossas* de colza ou autres substances semblables, il y a une grande économie à en couvrir le sol de la pépinière sur une épaisseur de huit à dix centimètres.

Ces couvertures dispensent des frais de labour, empêchent le développement de la plupart des mauvaises herbes, conservent la terre fraîche, l'empêche de se durcir et gercer à la surface, l'améliorent en se convertissant en un terreau qui, en favorisant le développement des racines, assure aux arbres un pied très-chevelu. C'est surtout dans les terres légères ainsi que dans les terres pierreuses ou simplement exposées par leur déclivité à un soleil ardent, que ces couvertures ont un avantage inappréciable. Il n'en est pas de même dans les terrains argileux reposant sur un sous-sol peu perméable, parce que là elles pourraient nuire en conservant trop d'humidité.

A côté des avantages que présente l'usage des paillis ou couvertures dans les pépinières et surtout dans celles de pommiers, se trouve un inconvénient assez grave qu'il suffit de signaler en indiquant en même temps le moyen d'en prévenir les résultats, pour qu'il disparaisse entièrement.

Une couverture épaisse ou compacte empêchant la terre de geler au pied des arbres, il arrive souvent que, pendant les hivers longs et rigoureux, les mulots et les campagnols, qui ne trouvent rien à manger dehors, profitent de cette circonstance pour ronger l'écorce du pied des arbres au niveau du sol et sous la couverture. Pour empêcher cela il suffira de mettre la terre à découvert au pied des arbres en rassemblant la couverture en une masse étroite et continue au milieu de l'intervalle que les lignes laissent entr'elles. Cette simple opération, faite au moment de l'arrivée des grands froids, met aussi à découvert des œufs et des larves d'insectes que le froid détruit en partie. Après l'hiver on rétablit la couverture sur toute la surface du sol.

§ II. DE LA GREFFE.

Parmi les 200 espèces, variétés et sous-variétés de greffes qu'on a imaginées, il n'y en a que quatre qui soient réellement utiles pour les poiriers et les pommiers destinés aux vergers et aux champs ; ce sont les suivantes : *la greffe Lée*, du nom d'un cultivateur anglais *(A. Thouin, Monographie des greffes)* ; 2º la greffe en fente *Bertemboise*, dédiée à Bertemboise, jardinier en chef du Jardin royal des Plantes de Paris, mort en 1745 ; 3º la greffe en couronne *Théophraste*, du nom de l'auteur grec qui a décrit cette greffe dans ses ouvrages, et 4º la greffe en écusson dormant ou *greffe Vitry*, laquelle est ainsi appelée du nom d'un village des environs de Paris dont les habitants sont presque tous pépiniéristes.

Avant de faire connaître la manière d'opérer chacune de ces quatre espèces de greffe, il convient d'indiquer sommairement les principes généraux de cette opération.

La greffe est l'union d'un bout de rameau ou d'un simple bouton d'un arbre avec un autre arbre, sur lequel il s'identifie et croit comme sur son propre pied, lorsqu'il y a analogie entre les deux espèces.

La greffe sert à multiplier les espèces et les variétés qu'on désire posséder en plus grand nombre, en la plaçant sur des arbres ou sujets analogues, mais d'un mérite inférieur ou nul.

Elle est un mode de multiplication conservateur, c'est-à-dire qu'elle conserve identiquement, en les transportant d'un pied sur un autre, toutes les qualités qui distinguent les espèces ou les variétés greffées.

La greffe peut abréger la durée de l'arbre greffé; mais elle le fait produire plus tôt et de plus gros fruits.

Elle ne réussit qu'autant qu'elle est placée dans le laboratoire de la sève, c'est-à-dire qu'elle doit être insérée entre l'écorce et le bois du sujet, ou mise en contact direct par les couches intérieures de son écorce avec les couches intérieures de l'écorce du sujet.

La greffe doit toujours être placée du côté du soleil parce que la sève y est plus abondante que du côté tourné vers le nord. Dans les situations ouvertes aux grands vents on place ordinairement les greffes du côté du vent dominant, afin qu'elles soient moins sujettes à être décollées.

Les greffes, quelle qu'en soit l'espèce, doivent

être insérées sur un mérithalle ou place unie du sujet, et, pour celles qui se font avec un bout de scion ou fragment de rameau, elles doivent être posées à côté de la cicatrice laissée par un bouton éteint ou par la coupe recouverte d'un rameau supprimé, parce qu'il y a toujours plus de sève autour de ces sortes de nœuds que dans les intervalles ou les mérithalles qui les séparent. Ce nœud, après la préparation du sujet pour recevoir la greffe, doit se trouver à l'un des côtés du sommet du biseau.

Choix et Conservation des Greffes.

On doit couper les greffes en décembre ou en janvier, pour les enterrer et les conserver à l'ombre, afin qu'elles ne puissent entrer en végétation que très-tardivement.

On croyait autrefois, et il est encore des greffeurs qui croient qu'il faut *cueillir les greffes sous l'influence de certaines phases de la lune; qu'il est nécessaire qu'il y ait à la base de chacune une petite portion de bois de deux ans; et qu'on doit toujours les prendre de préférence sur le côté de l'arbre qui est exposé au midi.*

Il y a, dans cette prescription, un préjugé superstitieux, une erreur et une vérité; je m'explique :

La lune est fort innocente de beaucoup de méfaits dont on l'accuse; et on lui attribue des influences qu'elle n'a pas; il est donc fort indifférent que l'on cueille et que l'on pose les greffes en nouvelle ou en pleine lune, en premier ou en dernier quartier.

Le bois de deux ans n'est nullement utile à la base des greffes, et fort heureusement ; car, s'il en était ainsi, il faudrait autant de rameaux qu'on voudrait faire de greffes, ce qui serait une véritable mutilation à exercer sur les arbres chargés de les fournir. On peut, au contraire, faire d'autant plus de greffes avec un seul rameau qu'il est plus long. La seule précaution à prendre consiste à ne pas employer l'extrême base des rameaux lorsque les boutons y sont plats et mal conformés ; on rejette également l'extrémité supérieure si le bois n'en est pas suffisamment aoûté.

La recommandation de cueillir les greffes de préférence du côté du midi est utile. On ne saurait nier que le rameau qui s'est développé sous l'influence directe du soleil soit mieux aoûté, pourvu de boutons mieux constitués pour produire de belles et fortes pousses, que celui que l'ombre a étiolé.

La longueur à donner aux greffes se règle sur leur destination ; ainsi, pour former un arbre qu'on greffe en tête, on laisse à la greffe quatre à cinq boutons pour avoir autant de branches, tandis que, placée sur un arbre trop bas et devant lui compléter sa hauteur, la greffe reçoit plus de longueur, sauf à pincer les bourgeons de sa base si tous les boutons s'étaient développés.

— 53 —

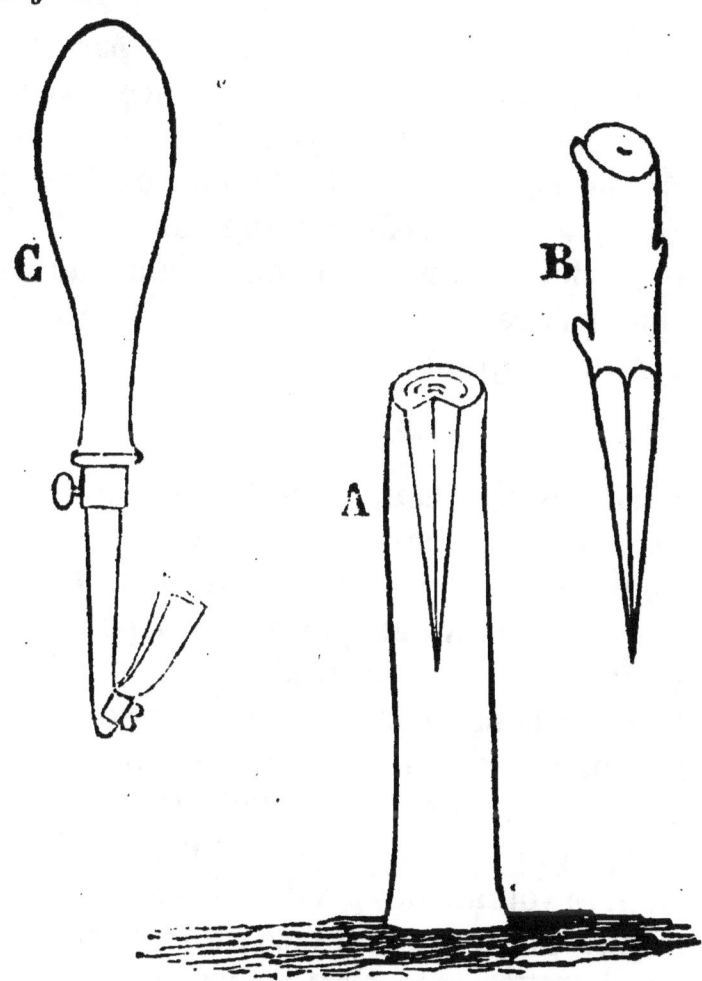

Fig. 1re.

GREFFE LÉE.

A Sujet rabattu et dans lequel l'entaille triangulaire destinée à recevoir la greffe est pratiquée.
B Greffe à base taillée en triangle pour être appliquée dans le creux pratiqué sur le sujet et le remplir exactement.
C Greffoir triangulaire de Louis Noisette, au moyen duquel on prépare la place de la greffe.

La greffe Lée (fig. 1) est, sans contredit, préférable à toutes les autres greffes par scion; malheureusement elle ne peut être exécutée promptement qu'au moyen d'un instrument qu'on ne se procure de bonne qualité qu'à Paris (1); c'est le greffoir triangulaire de L. Noisette; à défaut, on se sert de la lame du greffoir pour faire, sur le sujet, l'entaille destinée à recevoir la greffe.

OPÉRATION.

Après avoir coupé en biseau la tige du sujet et tranché horizontalement le sommet de ce biseau sur une largeur de 6 à 10 millimètres, on enlève au point choisi pour placer la greffe, soit avec le greffoir triangulaire, en engageant la lame dans l'écorce et en tirant de bas en haut, soit avec le greffoir ordinaire, une esquille d'écorce et de bois de 25 à 40 millimètres de long sur 6 à 9 de large au sommet, le tout, suivant le volume des greffes. Cette entaille représente alors, vue de face, un triangle très-allongé renversé, c'est-à-dire que sa pointe est en bas et, vue transversalement sur la partie horizontale de la coupe du sujet, elle figure un V ouvert.

La languette de la greffe doit avoir la longueur de l'entaille faite au sujet; elle doit con-

---

(1) Chez M. Arnheiter, rue Childebert, près l'église Saint-Germain-des-Prés.

server son écorce sur une largeur équivalente à peu près au tiers de son pourtour ; le reste de son périmètre est taillé en triangle de manière à remplir l'entaille du sujet ; le côté pourvu d'écorce est tourné en dehors et les tranches de cette écorce doivent se trouver en contact avec l'écorce du sujet sur les côtés de l'entaille ; après quoi on ligature et on enveloppe. On pratique la greffe Lée en février et en mars.

La greffe en couronne Bertemboise (fig. 2) se compose d'un bout de rameau dont la languette, taillée à plat et d'un côté seulement, s'introduit entre l'écorce et le bois du sujet. Cette greffe tire son nom de ce que sur la coupe horizontale d'une grosse tige ou branche on peut en placer plusieurs, circulairement autour (fig. C) en forme de couronne.

OPÉRATION.

Après avoir coupé la tige du sujet en biseau comme pour la greffe Lée, et fendu légèrement l'écorce du côté le plus élevé du biseau, dans une longueur de 2 à 3 centimètres, on taille la greffe en faisant, à 3 ou 4 centimètres au-dessus de la base et d'un côté seulement, un cran pénétrant jusqu'à un tiers ou la moitié au plus de son épaisseur, puis, de ce cran à la base, on enlève l'écorce et le bois en réduisant d'autant plus l'épaisseur du côté conservé qu'on approche plus de sa base, de sorte que, la lan-

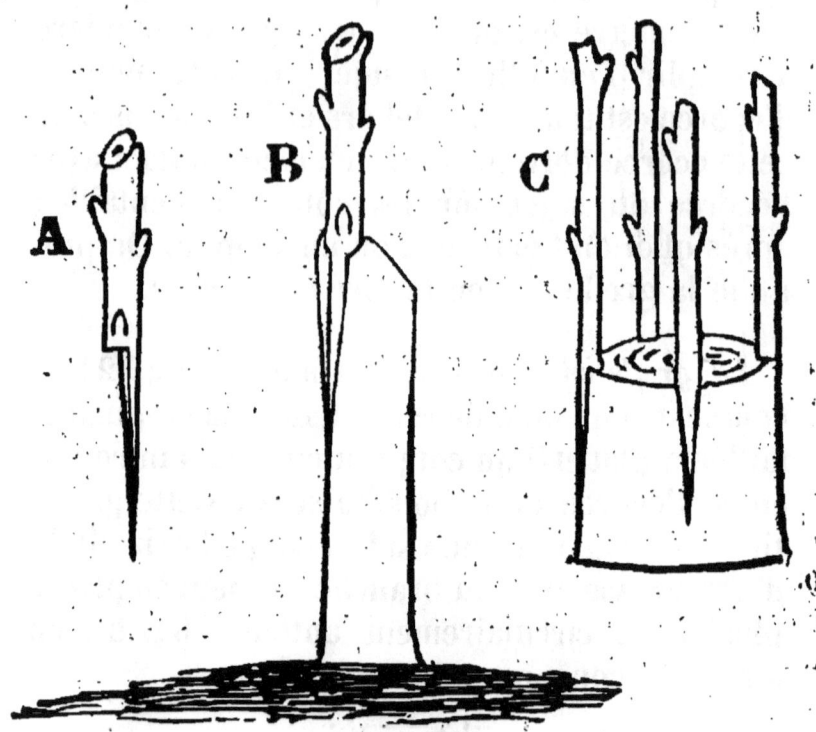

GREFFE EN COURONNE BERTEMBOISE.

A Greffe dont la languette est vue en partie par le côté intérieur, pour en montrer la coupe.

B Greffe posée au moyen de l'introduction de sa languette entre l'écorce et le bois du sujet.

C Greffe en couronne *Pline*. Celle-ci est employée sur les grosses branches des forts arbres dont on veut changer l'espèce.

guette étant taillée, elle présente en dedans une surface plane, moitié au moins de l'épaisseur du rameau à sa naissance, et, à sa base, la simple épaisseur de l'écorce.

Pour placer cette greffe, on introduit la pointe de sa languette entre le bois et l'écorce du sujet, qu'on soulève légèrement, à cet effet, avec la spatule du greffoir ou la lame de la serpette, des deux côtés et au haut de la fente longitudinale ; en poussant ensuite la greffe, sa languette fait elle-même sa place en descendant sous l'écorce. Le cran, arrêté par la coupe horizontale du haut du biseau du sujet, s'asseoit dessus; après quoi on ligature.

Lorsqu'on est dans la nécessité de placer plus d'une greffe sur la même tige ou branche, ce qui ne doit avoir lieu que lorsque cette branche ou cette tige a un grand diamètre, parce que c'est le seul moyen de la faire vivre dans tout son pourtour, sauf à n'y laisser ultérieurement qu'une greffe, il faut que la coupe du sujet soit faite horizontalement; mais hors ce cas elle doit toujours être coupée en un plan incliné dont la greffe occupe le sommet, parce que la cicatrisation de la plaie est plus prompte et plus complète ; ce qui empêche le bois de mourir du côté opposé à la greffe, comme cela arrive trop souvent lorsque le sujet est coupé horizontalement.

On opère la greffe en couronne en avril, c'est-à-dire lorsque la présence de la sève entre le bois et l'écorce permet de détacher facilement cette dernière du corps ligneux.

On reproche à la greffe en couronne de se décoller trop facilement ; ce reproche n'est pas fondé, et cela ne peut être vrai que lorsqu'on a le tort de faire la languette trop mince dans toute sa longueur ; mais lorsqu'on lui donne, à sa naissance, la moitié de l'épaisseur de la greffe et qu'on la pose du côté du vent dominant, elle n'est pas plus susceptible d'être décollée que la greffe en fente, et, d'ailleurs, elle doit être, comme toutes les greffes, protégée par une ou deux branches ou *tuteurs* attachés à la tige du sujet et dépassant de plusieurs décimètres.

En raison de la différence d'épaisseur qui existe entre le haut et le bas de la languette, on place autant que possible la greffe en couronne sur un mérithalle tant soit peu renversé ou penché en arrière, pour qu'elle se trouve dans une position verticale.

Cette greffe offre deux grands avantages : le premier est qu'un aveugle pourrait la faire avec succès, puisqu'il n'y a point, comme dans la greffe en fente, à faire coïncider les couches intérieures des écorces, mais qu'il suffit de s'assurer avec les doigts que la languette de la greffe est bien passée entre l'écorce et le bois du sujet.

Le second avantage que possède la greffe en couronne sur celle en fente est celui-ci : le bois du sujet n'étant point attaqué, il n'est point susceptible de mourir, de se carier, et si, par hasard, la greffe ne réussit pas, on peut regreffer à 4 ou 5 centimètres au-dessous et sans presque perdre de la hauteur de la tige, tandis qu'avec la greffe en fente, qui oblige à éclater la tige à 12 ou 15 centimètres en contre-bas, il faut, dans le cas de non-succès ou de destruction de la greffe, tant réduire la tige pour regreffer sur sa partie saine, qu'elle devient trop basse.

Lorsqu'on greffe de vieux arbres sur les branches, on doit toujours laisser de divers côtés quelques branches entières pour attirer et élaborer de la sève, sauf à les greffer si elles sont utiles ou à les supprimer si elles ne le sont pas, après un an ou deux de végétation des premières greffes; on voit souvent de très-gros arbres mourir une année après la reprise de leurs greffes, faute d'avoir pris cette précaution.

La greffe en fente, dite *Bertemboise* (fig. 3), ne serait pas mentionnée ici, à cause de ses défauts, si elle n'était pas à-peu-près la seule que connaissent les greffeurs de la campagne; mais en la décrivant, nous n'en recommandons pas l'usage.

OPÉRATION.

Le sujet étant coupé comme pour les deux greffes précédentes, le fendre avec la lame de

— 60 —

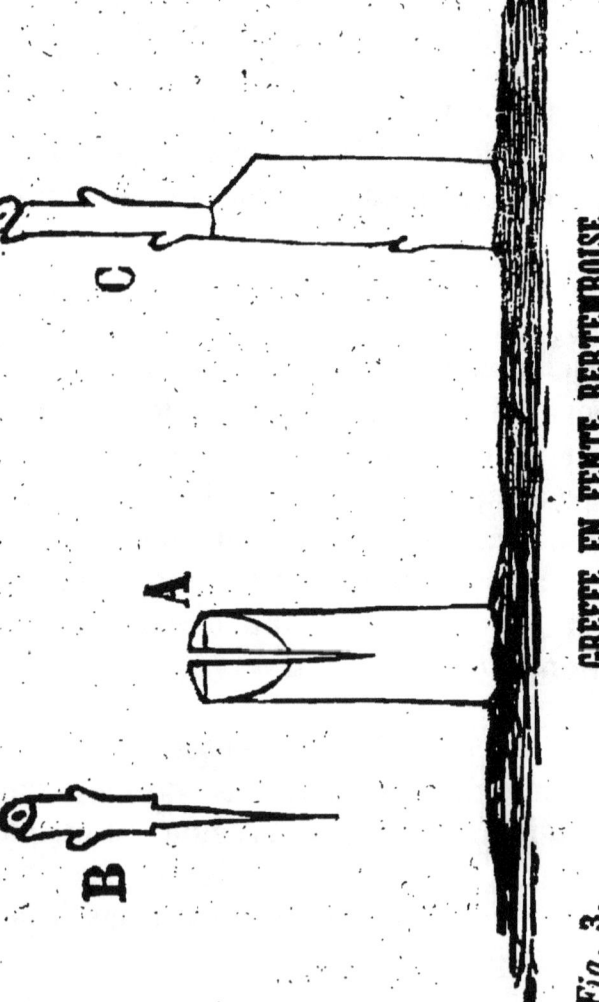

Fig. 3. **GREFFE EN FENTE BERTEMBOISE.**

A Sujet rabattu en biseau et fendu, prêt à recevoir la greffe.
B Greffe dont la languette est vue de profil.
C Greffe posée pour faire voir la coupe en biseau du sujet, du côté opposé à celui qu'occupe la greffe.

la serpette, maintenir la fente ouverte pour y introduire facilement la languette, et ce, en tordant un peu la serpette dont on a préalablement introduit la pointe dans la fente du côté opposé à celui que la greffe doit occuper, c'est-à-dire au bas du biseau. On emploie à cette fin, sur les forts arbres, un coin en bois dur ou en toute autre matière ; mais comme il vaut mieux greffer les grosses tiges en couronne qu'en fente, nous considérons ce coin comme un instrument inutile.

La languette de la greffe doit être taillée en lame de couteau, ou plus épaisse du devant, où son écorce doit être conservée, que du côté opposé, qui, après la pose, se trouvera vers le centre de la tige du sujet. On doit aussi faire un cran à l'origine et de chaque côté de cette languette, lesquels crans, posant sur la partie horizontale de la coupe du sujet, donnent un point de contact de plus aux écorces.

La pose de cette greffe exige beaucoup d'attention ; il faut que la ligne qui sépare l'écorce du bois sur la tranche de la languette de la greffe descende juste en face de la ligne qui, sur la fente du sujet, partage son bois de son écorce. On ne doit pas se préoccuper de ce qu'en dehors l'écorce de la greffe ne serait pas sur la ligne de celle du sujet ou n'affleurerait pas, comme on dit ordinairement, parce que l'écorce de la greffe, n'ayant qu'une année, n'a qu'une couche de liber et est mince, tandis que celle

4

du sujet est d'autant plus épaisse qu'elle est plus âgée, puisqu'elle se compose d'autant de couches de liber qu'elle a d'années.

Sur les tiges un peu fortes, la greffe est naturellement et suffisamment serrée dans la fente sans le secours des ligatures; mais sur celles plus faibles il est bon de ligaturer en serrant, pour rapprocher les deux côtés de la fente, surtout à l'opposé de la greffe, ce que rend facile la forme de la languette de la greffe, puisqu'elle est plus étroite ou plus mince en dedans qu'en dehors.

La greffe en fente se fait ordinairement en mars, parfois au commencement d'avril, souvent dès février pour les cerisiers, les pruniers et les poiriers.

La greffe en écusson à œil dormant (greffe Vitry, A. Thouin) se compose d'un œil occupant le milieu d'une plaque d'écorce, plus longue que large (fig. 4), qu'on enlève à l'aide de la lame du greffoir et avec le moins possible de bois, sur un bourgeon ou pousse de l'année, après en avoir coupé les feuilles à-peu-près à moitié longueur de leur pétiole ou queue.

L'œil étant ainsi levé, on pratique sur l'écorce du sujet une incision en T au moyen d'une fente transversale et d'une autre longitudinale inférieure à la première et la joignant par son milieu; puis, avec la spatule du greffoir, on soulève les deux côtés de cette écorce ainsi découpée, on

Fig. 4.

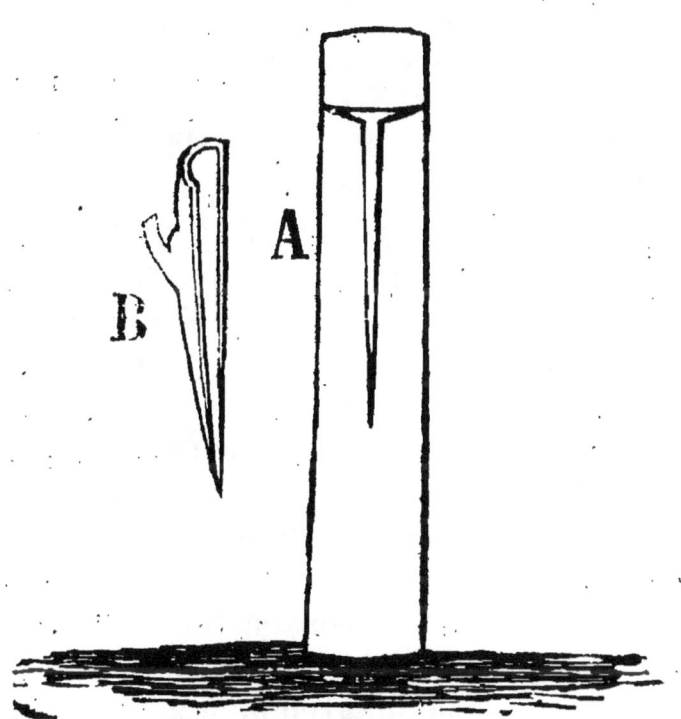

GREFFE EN ÉCUSSON VITRY.

A Sujet dont l'écorce est soulevée au moyen de deux incisions en T.

B Écusson ou plaque d'écorce munie de son œil et d'un bout du pétiole.

introduit l'écusson dessous, après quoi on ligature en laissant l'œil libre.

Il y a avantage à placer l'écusson sur un mérithalle un peu renversé, quand c'est possible, parce que le bourgeon qu'il doit produire peut pousser droit, tandis que, s'il est posé sur une partie verticale, son jet est obligé de pousser d'abord un peu de côté, avant de se redresser.

Un moyen plus expéditif et plus commode pour poser l'écusson, consiste à faire à l'écorce du sujet deux fentes ou incisions transversales distantes l'une de l'autre de 2 à 3 centimètres ou à-peu-près, et à les réunir par une incision longitudinale; puis on soulève l'écorce des deux côtés de cette dernière, comme on ouvrirait une porte à deux battants; ce qui facilite singulièrement l'introduction de l'écusson.

Pour lever l'écusson, on fait à l'écorce, au-dessous et à distance convenable de l'œil (10 à 15 millimètres) une incision transversale, puis, reportant la lame du greffoir à 25 ou 30 millimètres au-dessus, on l'introduit sous l'écorce, qu'on détache en descendant jusqu'à l'incision transversale. Cet écusson étant posé, on coupe son excédant de longueur au niveau de l'incision transversale supérieure faite au sujet.

Le bout du pétiole laissé à l'écusson sert à la tenir pour en faire l'introduction; il donne à l'œil le peu de sève qu'il contient et fait connaître, huit à neuf jours après l'opération, si l'écusson est repris. Dans ce cas, il se détache et tombe au moindre attouchement.

Les greffes en écusson de pommiers et de poiriers se font vers la fin de juillet, sur les arbres un peu âgés ou peu vigoureux, et en août sur les jeunes sujets.

Ces greffes ne devant entrer en végétation qu'au printemps suivant, on ne rabat pas les sujets; cette opération n'a lieu qu'à la fin de février ou en mars de l'année qui suit, et ce, en laissant au-dessus de l'écusson un chicot de 6 à 9 centimètres de long, lequel sert à attacher et à redresser le bourgeon que doit produire la greffe.

Des Ligatures propres aux Greffes.

On emploie souvent pour ligaturer les écussons de la grosse laine à tricoter; mais les écorces qu'on emploie pour les autres greffes peuvent aussi servir pour les écussons, en les divisant en lanières plus étroites.

Les écorces à meilleur marché et qu'on peut se procurer le plus facilement, sont celles des longs rameaux de saule avec lesquels on fait les grands paniers d'osier blanc. Ces écorces sont employées par les maraîchers pour lier et faire blanchir la chicorée; on les trouve chez les panetiers, aux marchés aux légumes, et, pour un franc, on en a 1300 dont chacune peut ligaturer 2 à 3 greffes. Il suffit, pour les employer, de les mettre tremper une ou deux heures d'avance.

Des Enveloppes des Greffes.

On emploie habituellement, pour envelopper les greffes par scion, de l'argile à l'état de boue, mélangée de foin ou de mousse.

L'emploi de ces substances n'est pas sans inconvénients, pour les pommiers surtout, dans les années où le puceron lanigère apparaît, parce que ces enveloppes lui servent d'abri protecteur ; il s'y multiplie en abondance et, en suçant la sève des arbres, y fait naître de nombreuses exostoses.

Il convient donc d'appliquer autour de la greffe et sur la coupe du sujet, à l'aide d'un pinceau, de la cire à greffer (1), laquelle est imperméable à l'air, à l'humidité ; elle l'est

---

(1) Composition de la cire à greffer.
Faire fondre ensemble de brai noir, 16 parties.
résine,.... 3 —
cire jaune, 3 —
suif,.... 3 —
On l'emploie chaude, mais jamais bouillante.
Autre : brai ou poix noire, ⎫
    poix de Bourgogne, ⎬ partie égale de chaque. Faire
    cire jaune,....... ⎭ fondre et employer chaud.
Le ciment de Forsyth peut servir aux mêmes usages ; il s'emploie froid ; voici sa composition :
Bouse de vache,.......... 500 parties.
plâtras pulvérisés et tamisés, 250 —
cendre tamisée,........... 250 —
sable tamisé,............. 30 —
Faire du tout une sorte de pâte, en y ajoutant de l'urine ou de l'eau de savon. On applique avec une spatule, on presse avec la main et l'on saupoudre de cendre ou de plâtre vif, en poudre, pour faire sécher.

également pour la trompe du puceron lanigère. On met par-dessus la cire, pour garantir la partie opérée de l'ardeur du soleil, une poupée d'argile et de foin ou bien une poignée de mousse, qu'on maintient avec une lanière d'écorce.

De la Force que doivent avoir les Pommiers pour être greffés.

Il n'y a pas le moindre avantage à greffer les arbres trop faibles; cela retarde leur accroissement.

Ceux qu'on se propose de greffer en pied doivent avoir la grosseur du doigt pour être greffés en écusson, un peu plus pour être greffés par scion. Pour être greffés en tête, c'est-à-dire à 2 mètres au-dessus du sol, ils doivent avoir à ce point de 8 à 10 centimètres de tour et de 11 à 13 centimètres à moitié hauteur, c'est-à-dire à 1 mètre au-dessus du sol.

Doit-on greffer indistinctement tous les pommiers élevés dans une pépinière? Nous disons : *non.*

En greffant, sans égard à leur physionomie, tous les pommiers d'une pépinière, on détruit parfois de bonnes variétés pour en greffer dessus qui leur sont inférieures. Si à cela on ajoute l'inconvénient qui résulte trop souvent de greffer, sans s'en douter, des variétés qui ne s'harmonisent pas avec les sujets auxquels on les impose, soit parce que l'époque d'entrée en végétation n'est pas la même, soit par toute autre cause, dont le résultat est un état de malaise qui produit ou des chancres, ou d'autres maladies, on reconnaîtra que l'arbre de semis ou *d'une seule pièce* vaut parfois mieux et est presque toujours plus robuste et plus viable que celui qui est greffé ou *formé de deux pièces*.

Il est prudent, et souvent très-profitable, de conserver sans les greffer, pour en connaître les fruits, les pommiers qui ont un épiderme brun, de grosses pousses, de grandes feuilles d'un beau vert, point de brindilles épineuses, etc. Presque toujours ces arbres produisent des fruits très-propres à la fabrication du cidre, et alors à quoi bon leur couper la tête pour leur donner à nourrir une variété devenue maladive par vétusté et dont il faudra bientôt abandonner la culture, ainsi que déjà il arrive des variétés appelées *peau-de-vache*, *girard*, *doux-à-l'agniel*, etc.?

Nous n'engageons pas à planter un pommier sans le greffer par cela seul qu'il aura un bel aspect, dans la crainte que ses fruits ne répondent pas à ce que semblait promettre cette apparence. Mais il est facile, pour ne rien livrer au hasard, de faire fructifier les jeunes pommiers dans la pépinière ; il suffit pour cela de ne pas raccourcir ni tailler leurs branches ; les premiers fruits ne se feront pas attendre longtemps, et, s'ils ne sont pas de bonne qualité, on greffera.

Nous avons entendu avec peine des hommes doués de beaucoup de bon sens révoquer en doute la possibilité d'obtenir de bons fruits d'arbres provenus de semis ou non greffés. Et cependant, comment sont venues ces variétés anciennes que nous recherchons, que nous multiplions par la greffe? C'est bien et uniquement par le semis; la nature n'a pas d'autre moyen de produire des variétés, et si l'on a pu obtenir ainsi tous les anciens fruits, pourquoi n'en obtiendrions-nous pas d'aussi bons, de supérieurs même et qui seraient le produit d'arbres nouveaux plus vigoureux et par cela même moins attaquables par les maladies et par les insectes que nos anciennes variétés, dont nous propageons trop souvent les misères avec les greffes, en prenant celles-ci sur des arbres mal portants?

Nous avons, pour l'obtention de bonnes variétés nouvelles, une chance de plus qu'on n'avait autrefois, dans le nombre assez considérable de celles que nous cultivons en famille; de quoi résulte nécessairement des fécondations croisées et par suite des hybrides. C'est, au reste, ce que démontre suffisamment l'apparition assez fréquente de très-bonnes variétés de fruits nouveaux parmi ceux de table.

Formation de la Tête des jeunes Arbres.

On arrête la tige des pommiers greffés en pied à la hauteur de 2 mètres à 2 mètres 30 centimètres au-dessus du sol, pour faire développer les branches qui seront la base de la charpente de leur tête. Ceux qu'on greffe en tête doivent l'être aussi à 2 mètres ou 2 mètres 30 centimètres de hauteur.

Quatre à cinq rameaux suffisent pour commencer la tête d'un pommier ; on les choisit de telle sorte qu'ils soient régulièrement espacés dans tout le pourtour de la tige.

Un nombre plus considérable de rameaux ou de branches serait trop; l'excédant nuirait plus tard et obligerait à des amputations désastreuses.

On peut aussi établir la tête d'un arbre de plein vent sur deux ou trois rameaux seulement, en ayant l'attention de raccourcir ces rameaux, à la fin de l'hiver suivant, sur deux boutons latéraux qui produiront chacun un bourgeon, de sorte que quatre à six bourgeons se trouveront régulièrement disposés à 3 ou 4 décimètres au-dessus de la base de leur mère, et la tête de l'arbre sera ainsi convenablement commencée.

L'année suivante, on favorise le développement des bourgeons de prolongement en pinçant, à 10 à 12 centimètres de leur naissance, les bourgeons latéraux, qui, ainsi réduits, se transforment en lambourdes et quelques années après produisent des fruits. On ne prend de bifurcations ou ramifications sur les branches mères que plus tard et lorsque le besoin s'en fait sentir pour garnir convenablement la tête de l'arbre.

§ III. DE LA MISE EN PLACE OU PLANTATION A DEMEURE. CONSIDÉRATIONS RELATIVES AU SOL, A L'EMPLACEMENT, A l'EXPOSITION, AUX DISTANCES A METTRE ENTRE LES ARBRES, AU CHOIX DES VARIÉTÉS, ETC.

Le sol le plus favorable à la prospérité des arbres à fruits à cidre est celui où l'argile, le sable et le carbonate calcaire se trouvent dans des proportions à-peu-près égales ; cependant, il n'y a que les terrains très-arides dans lesquels ils ne viennent pas.

Les terrains argilo-siliceux très-pierreux ne déplaisent point au pommier; ses produits y sont de bonne qualité. Le poirier se plaît dans les sols humides et profonds.

La place la plus convenable pour l'établissement d'un verger de pommiers à cidre est autour des bâtiments d'habitation et d'exploitation.

Quand on a le choix de l'exposition, celle du midi est préférable dans les terres froides ; mais le levant et le couchant conviennent mieux dans les sols légers et secs, quoique dans les situations ouvertes du côté du couchant le vent d'ouest soit souvent pernicieux pour les pommiers.

On doit éviter de trop multiplier les plantations d'arbres fruitiers dans les terres arables, parce qu'elles y sont un obstacle à la culture et que les arbres y sont souvent contusionnés, excoriés par les instruments aratoires ; ce qui ne les empêche pas d'y prospérer mieux que dans les vergers non cultivés ; mais cela vient de ce que les labours et les engrais favorisent leur accroissement.

Dans les terres de labour arides et sèches, on plante souvent à des distances assez rapprochées, dans le but de protéger les récoltes contre les rayons brûlants du soleil, et aussi parce que les arbres n'y acquièrent ordinairement que de faibles dimensions. Mais dans les terres fortes, argileuses, les plantations dans les champs cultivés doivent se borner généralement à celles des lignes aux bords des chemins et pour limiter les propriétés.

Là, comme dans les riches pâturages du pays de Bray, par exemple, on évite de trop ombrager le sol, parce que ses produits en plantes alimentaires, fourragères ou économiques, sont plus estimés que ceux des arbres. Aussi, les pommiers y sont-ils généralement distants l'un de l'autre de 15 à 20 mètres, rarement de 12 à 13 seulement.

Il n'y a que perte, et sans compensation, lorsqu'on plante trop serré dans les bonnes terres. Outre que les premières dépenses sont plus considérables et qu'il y a un notable amoindrissement dans les produits du sol, les arbres venant à se joindre, à se priver réciproquement d'air et de lumière par les côtés, ne produisent plus qu'en dessus ; d'où il résulte que la quantité des fruits produits n'est plus en rapport avec le nombre et l'étendue des arbres.

Le choix des variétés consiste : 1° à planter de préférence celles qui prospèrent le mieux dans la localité et qui y produisent le meilleur cidre ; 2° à réunir sur un même point celles dont les fruits mûrissent en même temps ; 3° à placer dans des endroits abrités celles dont la floraison délicate ou précoce redoute les situations trop ouvertes et les froids tardifs ; 4° à ne planter au bord des routes et dans les terres cultivées que celles dont les branches s'élèvent ou se dressent le plus verticalement.

Préparation du Sol.

Le défoncement de toute la surface du sol à planter serait une très-bonne opération, au moins pour les vergers, puisqu'elle permettrait aux racines de s'étendre facilement dans toutes les directions ; mais, à la distance à laquelle on met les arbres fruitiers, ce travail serait, sinon inexécutable, au moins très-dispendieux.

On fait donc pour chaque arbre un trou isolé. La forme circulaire est préférable à la forme carrée, parce que les racines y ont, dans toutes les directions, une égale étendue de terre remuée à parcourir, tandis que, dans le trou carré, les racines qui se dirigent vers les côtés ont plus tôt rencontré la terre non remuée que celles qui se trouvent vis-à-vis des angles.

Les trous doivent être plus larges que profonds, et leur largeur doit être au moins aussi considérable au fond qu'à l'orifice ; ils ne doivent pas avoir moins de deux mètres de diamètre. Leur profondeur doit varier entre 60 et 80 centimètres, ou à peu près, suivant la nature du sol ; c'est-à-dire qu'il serait dangereux de faire un trou profond dans un terrain dont la couche cultivable aurait peu d'épaisseur et dont le sous-sol serait de mauvaise qualité, parce que les racines, plongeant au fond pour y suivre la bonne terre dont on aurait rempli ce trou, se trouveraient là comme dans un vase à parois infranchissables ; d'où résulterait chez l'arbre la cessation d'accroissement, puis un dépérissement progressif, parce que les racines trop profondes remontent difficilement pour reprendre un niveau convenable.

Dans les bas fonds sujets aux inondations, il est utile de creuser les trous plus profondément, de les remplir presqu'en entier de blocs calcaires ou autres pierrailles mal agencées, sur quoi on étend des broussailles, puis du gazon renversé, ou de la terre, de manière à ce que les racines inférieures de l'arbre soient, à peu près, au niveau de la surface du sol. On enveloppe le pied de l'arbre d'une motte ou butte de la largeur du trou, d'une épaisseur suffisante, et ce, avec la terre provenant du trou. Pour éviter la dégradation des côtes de cette butte, il est bon d'en revêtir le pourtour de gazon.

La plantation en verger ou en lignes multiples est toujours mieux en quinconce qu'autrement, parce que le quinconce met chaque arbre à une égale distance de tous ceux qui l'entourent, donne à chacun une part égale de sol, d'air, de lumière, et favorise les alignements dans toutes les directions.

La plantation dite *carrée* (fig. 6) n'est convenable que pour les avenues.

Le quinconce a pour base ou principe primitif un triangle équilatéral à chaque angle duquel on placerait un arbre.

Pour opérer sur le terrain le tracé du quinconce (fig. 5), qu'il ne faut pas confondre avec la plantation carrée oblique, on détermine d'abord, au moyen de jalons ou d'un cordeau, une base ou ligne principale sur l'un des côtés du terrain à planter et, sur cette ligne, on fixe des piquets aux places où l'on se propose de planter, et par conséquent distancés comme le seront les arbres, soit à 13 mètres.

Pour tracer la seconde ligne, on prend deux mesures ayant chacune 13 mètres, on place le bout de l'une d'elles contre le premier piquet de la première ligne et le bout de l'autre contre le deuxième piquet, puis, rapprochant ces deux mesures par leur autre bout, on place un piquet au point où elles se joignent et on a ainsi, par ces trois piquets, un triangle équilatéral. On répète cette opération à l'autre extrémité de la pre-

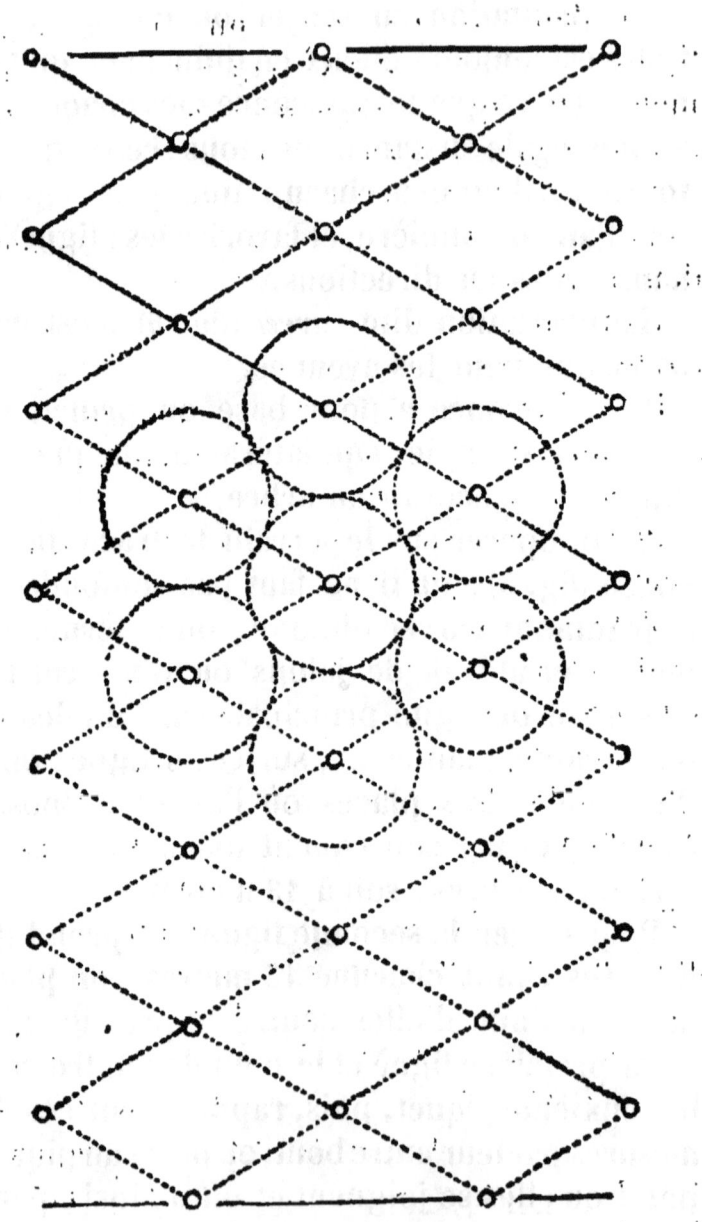

Fig. 5.

PLANTATION EN QUINCONCE.

Fig. 6.

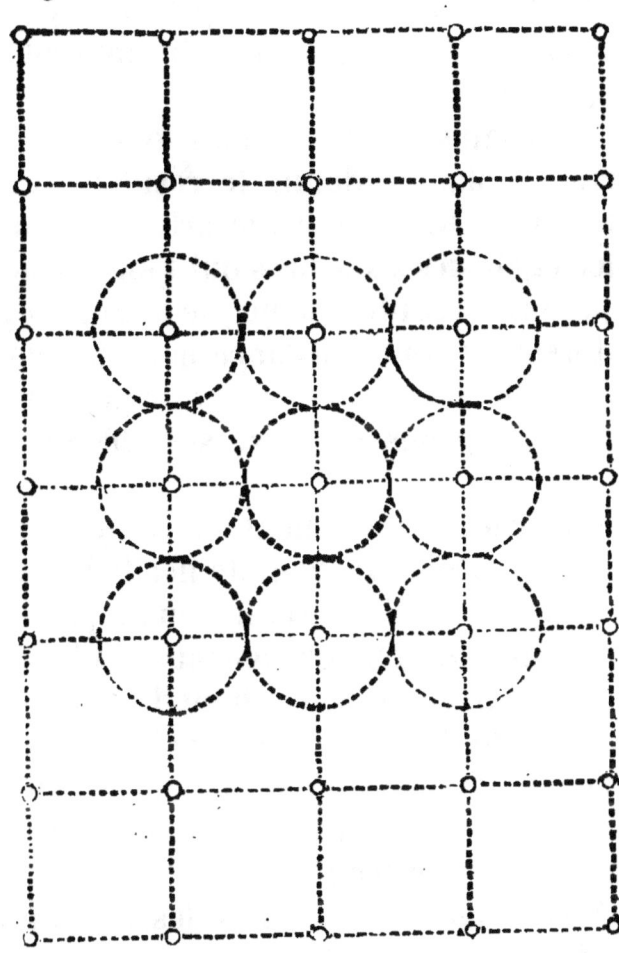

PLANTATION CARRÉE,

PROPRE AUX AVENUES SEULEMENT

Il est facile de remarquer que, dans cette disposition, un arbre n'est pas, ne peut pas être à distance égale de tous ceux qui l'entourent, et que quatre arbres laissent entre eux un vide assez considérable, lorsque déjà ils se croisent avec leurs **voisins sur quatre points opposés.**

mière ligne, et les deux piquets derniers plantés donnent la seconde ligne, que l'on remplit, comme la première, de piquets distants entr'eux de 13 mètres.

Le tracé ainsi continué dans toute l'étendue du terrain à planter donne le résultat que représente notre fig. 5. Chaque arbre se trouve à distance égale des six arbres qui l'entourent, et tous, poussant régulièrement, se joignent également (lorsqu'ils sont à distance pour se joindre) dans tout leur pourtour ; ce qui ne peut arriver dans les plantations carrées, soit droites, soit obliques.

Pour tracer promptement et régulièrement les trous, on prend un bout de ficelle à l'un des bouts duquel on fait un œillet qu'on passe autour de l'un des piquets tenant la place des arbres, puis, fixant à l'autre bout de la ficelle et à un mètre de distance (pour avoir un trou de deux mètres de large) un piquet pointu, on trace avec sa pointe, sur le sol, un cercle, qui est le périmètre du trou.

Il est avantageux de creuser les trous longtemps d'avance et de les laisser ouverts jusqu'au moment de la plantation, quand c'est possible, parce que la terre s'améliore par son exposition à l'air. Cette opération doit toujours avoir lieu par un temps sec ; chaque espèce de terre doit être déposée en un tas à part, au bord du trou ; les tas de terre doivent être placés de manière à ne pas nuire pour les alignements lors de la plantation, c'est-à-dire qu'il faut déposer les terres dans les quatre angles formés par les deux lignes principales se croisant, et non dans la direction de ces lignes.

Remplissage des Trous.

Dans les terres légères on peut, sans inconvénient, remplir les trous longtemps avant de planter ; mais il ne doit pas en être ainsi dans les terres argileuses, parce que, la saison des plantations (novembre et décembre) étant ordinairement pluvieuse, la terre, depuis peu replacée dans le trou, absorbe l'eau, la retient, se transforme en boue, et la plantation se fait mal ; tandis que, restée en tas coniques sur les bords du trou jusqu'au moment de planter, elle n'est jamais saturée d'eau, elle sèche promptement et se divise autant bien que sa nature le permet. On doit donc, dans ces sortes de terre, ne remplir les trous que le jour même de la plantation.

Pour faciliter l'écoulement des eaux dans les trous percés en terre argileuse, il convient, en les remplissant, de placer au fond des joncsmarins, des ronces, des tontures de haies ou autres broussailles, parfois de vieux plâtras et mortiers plus ou moins pulvérisés, et placer par-dessus le gazon, s'il y en a. Non seulement ces ingrédients facilitent l'écoulement des eaux, mais ils améliorent aussi le sol.

Les joncs-marins et les broussailles se réduisant, avec le temps, en une couche de terreau qui n'a pas plus d'un huitième de l'épaisseur primitive, et la terre qu'on met par-dessus se tassant aussi dans les proportions d'un sixième à un dixième de son épaisseur, il faut avoir grand soin, lors de la plantation, de tenir compte de ces réductions, sans quoi l'arbre finirait par se trouver trop avant, et il vaut toujours mieux planter trop haut que trop avant, parce que les racines descendent bien plus facilement qu'elles ne remontent pour prendre le niveau qui leur convient.

Si l'on craignait de ne pouvoir assez bien apprécier l'importance de la réduction des joncs-marins et de la terre, pour planter les arbres à une profondeur convenable, voici ce qu'il y aurait à faire.

Laisser au milieu du trou, en le creusant, une petite butte circulaire de terre non remuée, de 40 à 50 centimètres de diamètre et réduite dans sa hauteur seulement de ce qu'il faudrait pour y asseoir les racines de l'arbre à une profondeur convenable. Le remplissage en joncs-marins et en terre aurait lieu autour de cette petite butte, qui ne participerait en rien, non plus que l'arbre placé dessus, au tassement qui s'opérerait ultérieurement.

Choix, Déplantation et Préparation des Arbres.

Toutes les dispositions étant faites pour la plantation et l'époque favorable, qui est celle de la chute des feuilles, ou à peu près du 15 novembre au 15 décembre, étant arrivée, on choisit dans la pépinière les arbres qui présentent au pied le plus de grosseur ; ce sont généralement ceux qui, se trouvant sur les bords, ont joui de plus d'air et de lumière. Si l'on emploie des arbres greffés en tête, il faut que les greffes n'aient pas moins de deux ans de végétation, parce que, si elles n'avaient qu'une année, la coupe du sujet ne serait pas recouverte et la déplantation en retarderait la cicatrisation.

On ne doit point être exclusif en ce qui concerne le choix entre les arbres greffés en pied et ceux greffés en tête ; les uns et les autres ont leur mérite. L'arbre greffé en pied a presque toujours la tige plus droite et plus belle ; mais il existe quelques bonnes variétés, comme *le bédane*, *le marin-onfroy*, qui sont peu propres à former de belles tiges, et alors il convient de les greffer en tête.

Quelques personnes préfèrent planter des arbres non greffés, pour les greffer en place. Cette préférence ne peut être motivée que par le désir qu'on aurait de posséder certaines variétés sur l'identité desquelles on craindrait d'être trompé en les achetant et qu'on n'aurait pas pu greffer d'avance, faute de posséder une pépinière.

La plantation d'arbres à greffer en place retarde la jouissance de deux à trois ans au moins, et, la non-réussite de quelques greffes arrivant, la plantation perd de sa régularité.

La force des arbres à planter varie suivant les localités ; elle doit varier suivant diverses autres circonstances, telles que les places que ces arbres doivent occuper, etc.

Mais en général la tige d'un pommier ne doit pas avoir, à un mètre au-dessus du sol, moins de 12 centimètres de circonférence, ni plus de 20.

Deux mètres sont une hauteur suffisante pour les terrains à peu près horizontaux ; mais 20 à 40 centimètres de plus sont nécessaires dans les pentes rapides, pour que les bestiaux ne puissent pas saisir les branches en se plaçant sur le terrain supérieur.

Si la déplantation peut se faire par un temps couvert et calme, ce sera un avantage ; les racines en seront moins desséchées.

Pour déplanter un arbre, il faut faire, avec la bêche, de chaque côté et dans la direction des lignes, une tranchée profonde et de longueur convenable pour découvrir les racines, puis on les découvre complètement en faisant tomber, sans les blesser, la terre qui se trouve encore entr'elles. Après avoir de nouveau vidé les deux tranchées, on penche alternativement la tige des deux côtés, pour connaître la direction des racines qui offrent le plus de résistance. On peut employer, pour détacher l'arbre du sol, surtout si la terre est humide, la force des bras, mais sans secousses, et l'on doit cesser dès qu'une racine menace de se rompre. Tirer alors chaque racine séparément, avec la main, et couper le plus long possible, avec la serpette ou avec la bêche, celles qu'on ne peut avoir autrement, est le moyen à employer quand le simple déchaussement n'a pas suffi pour l'extraction.

Les arbres étant déplantés, on doit enlever immédiatement les feuilles qui pourraient encore se trouver sur leurs branches; puis on procède à la toilette, laquelle consiste à débarrasser la tête des branches inutiles ou mal placées, s'il en est resté, et à rafraîchir, par une coupe faite en dessous et en biseau, les racines qui auraient été mutilées.

De l'Orientement des Arbres.

Il n'est pas inutile d'orienter, quand c'est possible, les pommiers en les plantant, c'est-à-dire de mettre en regard de l'un des quatre points cardinaux le côté qui y était précédemment, surtout si ces arbres ont une écorce jeune et tendre; on évite ainsi l'effet désastreux des coups de soleil.

On oriente ordinairement, en les transplantant, les sapins, les arbres résineux en général; il n'y a pas de motif pour ne pas s'entourer des mêmes précautions quand on plante des arbres fruitiers, puisque leur tige nue n'est protégée contre le soleil par aucune branche; si cette précaution n'est pas indispensable, elle est parfois utile et ne peut, dans aucun cas, être nuisible.

Pour reconnaître le côté d'un arbre qui faisait face au midi, par exemple, et pouvoir le replacer dans la même direction, il suffit de le remarquer au moyen d'un nœud d'osier ou d'une petite marque quelconque sur l'épiderme.

Une seule circonstance peut s'opposer à l'orientement des arbres : c'est lorsqu'ayant à faire une plantation en ligne, on emploie des arbres tant soit peu courbes; il faut alors, pour la régularité des alignements, effacer la partie crochue de chaque arbre en la mettant dans la direction de la ligne principale.

La plantation doit suivre immédiatement la déplantation, afin que les racines, organisées pour vivre constamment dans le sein de la terre, soient le moins longtemps possible exposées à l'air, dont l'action immédiate et prolongée ne peut être que désastreuse pour elles.

Les trous étant suffisamment remplis par rapport à la nature et au niveau du sol, au tassement présumé des terres, joncs-marins, etc., et à la hauteur du pied de l'arbre, on le place verticalement au point qu'il doit occuper; on le maintient ainsi d'une main pendant que de l'autre on étend les racines dans une direction convenable, au fur et à mesure qu'un ou deux aides jettent dessus la terre la meilleure et la plus divisée de celle qui reste à employer.

Si l'on craint qu'il reste encore quelques vides entre les divers étages de racines, on y fait parvenir de la terre en secouant légèrement l'arbre, sans toutefois le déplacer.

Toutes les racines étant couvertes de quelques centimètres d'épaisseur de terre, on peut étendre au-dessus des joncs-marins, de la fougère ou du vieux chaume, tant pour alléger et améliorer la terre que pour prévenir les effets de la sécheresse, puis avec le reste de la terre, celle provenant du fond du trou, on forme une butte autour du pied de l'arbre. Le piétinement après la plantation, pour affermir la terre, ne doit avoir lieu que lorsqu'elle est plus sèche qu'humide, parce que, saturée d'eau, on la convertirait en boue.

Buttage des Arbres.

La butte de terre qu'on forme ordinairement au pied de chaque arbre qui vient d'être planté est destinée à le protéger contre divers accidents, tels que le renversement par le vent, etc.

Ces buttes ont presque toujours la largeur du trou; elles sont rondes ou elliptiques.

On leur donne la forme elliptique ou ovale très-allongée dans les terres cultivées, en les dirigeant dans le sens des raies, afin que la charrue puisse approcher le plus près possible de l'arbre pour qu'il ne reste que peu de terre à retourner à bras d'homme. Partout ailleurs on les fait rondes.

Leur surface doit être concave dans les terres légères et sèches, afin de réunir au pied de l'arbre tout ce qu'elle peut recevoir d'eau de pluie.

Dans les sols naturellement trop humides, on les fait convexes en dessus, avec une rigole circulaire creusée en dehors du bord du trou, afin que l'eau puisse s'échapper promptement en dehors et au-dessous du point où se trouvent les racines.

Dans les bonnes terres ordinaires où l'abondance de l'eau n'est ni à craindre ni à désirer, on dresse les buttes horizontalement. Enfin, dans les pentes rapides, où la sécheresse est à redouter, on doit faire, du côté inférieur seulement, une butte demi-circulaire à surface concave, et on amène l'eau de pluie du terrain supérieur au moyen de deux petites rigoles en V et se réunissant par le bas au pied de chaque arbre.

Des Armures qu'il convient de donner aux Arbres pour les protéger.

Il ne suffit pas d'avoir bien choisi et bien planté des arbres, il faut encore, pour en assurer le succès, leur donner quelques soins pendant les premières années qui suivent celle de leur plantation et les protéger : 1° contre les coups de soleil ; 2° contre la dent des animaux rongeurs ; 3° contre les contusions, le frottement des bestiaux, etc., et 4° contre le vent.

Préservatif contre les coups de soleil. — Si l'onguent de St-Fiacre (fiente de vache et argile mêlées) pouvait tenir, ce serait le meilleur moyen pour garantir, en les en enduisant, les jeunes tiges, des coups de soleil ; mais une forte ondée de pluie suffit souvent pour détacher cet enduit. Le moyen le plus simple et le plus durable consiste à entourer la tige, du côté du soleil seulement, d'une mince couche de paille droite qu'on attache avec de l'osier.

Préservatif contre la dent des animaux rongeurs. — Les personnes qui ont fait des plantations d'arbres fruitiers dans le voisinage des bois savent par expérience que, pendant les hivers longs, rigoureux, et lorsque la terre est couverte de neige, les cerfs, les biches, les lièvres et surtout *les lapins*, rongent l'écorce des arbres aussi haut qu'ils peuvent atteindre, et que, lorsque ces excoriations font le tour de la tige, la mort de l'arbre en est presque toujours la suite inévitable.

Les excréments de porcs, de vaches, pourraient repousser ces animaux ; mais la pluie les entraîne trop facilement. Le goudron est préférable ; on en enduit tout le bas de la tige, avec un pinceau ; une seule application suffit pour un hiver.

Le jonc-marin est aussi, pour ce cas, un bon préservatif. On attache à la tige du pommier, par le gros bout et la tête en bas, posant sur le sol, autant de jonc-marin qu'il en faut pour l'envelopper. Ce procédé a aussi l'avantage de conserver la fraîcheur au pied des arbres, d'empêcher la terre de se durcir, de se gercer, et les mauvaises herbes de croître.

Des diverses Armures contre les Contusions et contre le Frottement des Bestiaux.

Les épines, les lattes à clous, fréquemment employées à cette fin, n'atteignent que très-imparfaitement le but, blessent souvent les arbres et n'empêchent nullement le vent ni le choc des instruments aratoires de les renverser.

Les pieux peuvent donc seuls protéger efficacement les arbres dans ces circonstances, et de plus ils fournissent un puissant moyen pour les maintenir contre l'action du vent.

Les armures composées d'un pieu avec des chevilles pointues, ou de deux pieux réunis par des traverses, ou bien de trois pieux dont deux sont inclinés sur le troisième, auquel ils sont réunis par une seule cheville, sont toutes défectueuses, puisque le moindre vent, en agitant les arbres, les fait se heurter et se blesser contre elles.

Quatre pieux en carré autour d'un arbre sont assez dispendieux, et le quatrième est inutile. On a d'ailleurs remarqué que, lorsque le bois commence à pourrir dans le sol, ce carré de pieux semble se tordre plus facilement que le triangle formé par trois pieux seulement.

Trois pieux placés en triangle, à 35 ou 40 centimètres du pied de l'arbre, hauts de 1 mètre 30 à 1 mètre 50 centimètres et réunis par des traverses au milieu et au sommet, nous paraissent fournir le meilleur moyen pour protéger les arbres contre le piétinement et le frottement des bestiaux, le choc si pernicieux des palonniers, des essieux, des colliers des chevaux, etc., et avec leur aide on peut maintenir les arbres parfaitement d'aplomb en dépit des vents les plus violents ; il suffit pour cela d'attacher la tige à deux pieux, à deux traverses du côté du vent dominant, soit avec des harts qui ne serrent la tige que par-dessus un tampon de mousse, de paille, de foin, un morceau de vieux cuir, etc., soit par tout autre moyen.

Lorsqu'on ne veut pas faire la dépense des pieux, on peut encore maintenir les jeunes arbres verticalement en empilant contre le bas de leur tige et du côté opposé au vent dominant, plusieurs gazons que l'on presse avec le pied, pour qu'ils offrent plus de résistance.

Soins de Culture à donner aux Arbres pendant les deux ou les trois premières années qui suivent celle de leur plantation.

On doit s'occuper constamment de la destruction des herbes adventices par de fréquents binages ou petits labours superficiels qui n'atteignent pas les racines, mais qui divisent la terre durcie et en remplissent les gerçures.

Il faut aussi supprimer les pousses qui se développent au pied et au long des tiges, non en les arrachant, mais en les coupant proprement avec la serpette.

Il est quelquefois utile de protéger les nouvelles plantations contre la sécheresse, surtout dans les terrains légers, sableux ou calcaires.

Les joncs-marins, la fougère, les vieux chaumes, les herbes de sarclage, etc., conviennent parfaitement, en en couvrant le sol, au pied des arbres.

Dans les sols calcaires ou très-pierreux, on utilise aussi, pour couvrir la terre au pied des arbres, les cailloux et les blocs calcaires sortis des trous; mais il faut éviter que ces corps durs ne touchent la tige, qui, alors, se meurtrirait contre par l'action du vent. Pour éviter les meurtrissures et les chancres qui en sont souvent la suite, on interpose entre les cailloux et la tige un gazon qu'on roule autour de cette dernière.

Le démottage ou la destruction de la motte qu'on a établi autour du pied de chaque arbre, en le plantant, se fait ordinairement deux à trois ans après la plantation, ou lorsque la végétation des arbres porte à croire qu'ils sont bien enracinés.

Le démottage a pour but la destruction des

œufs et des larves d'insectes nuisibles qui se retirent au pied de l'arbre, surtout lorsqu'il y a de l'herbe. Cette opération a, en outre, le mérite d'unir le sol et de donner à la terre une culture superficielle qui profite aux racines.

Si l'on craignait que la destruction de la motte des arbres ne donnât plus de prise au vent pour les incliner, ce serait le cas d'empiler au pied, et du côté opposé au vent, quelques gazons, ainsi que nous l'avons dit précédemment.

§ IV. DES SOINS QUE PEUVENT RÉCLAMER LES ARBRES PENDANT LE RESTE DE LEUR EXISTENCE ET DE LA MANIÈRE DE LES LEUR ADMINISTRER.

De la Culture et des Engrais.

On voit encore des baux de fermes, copiés sans doute sur ceux qu'on faisait il y a un ou deux siècles, qui disent, sans autre explication, que le fermier sera tenu de *serfouir le pied des arbres* tous les trois ans.

Pour remplir cette condition, le fermier enlève autour de chaque pommier un rond de gazon, le plus petit possible, afin de ménager le pâturage de ses bestiaux; c'est-à-dire qu'autour du pied d'un arbre dont le tronc a un mètre et plus de circonférence, par exemple, il est fait un rond dont le diamètre est au plus de 1 mètre 30 centimètres, et quand, à la fin de l'hiver, l'herbe commence à reverdir, on étend sur le rond un peu de fumier, de marc de pomme, etc., ou rien, puis on replace le gazon, et le propriétaire est très-satisfait, parce qu'il croit que son arbre devra à cette inutile opération la continuation de sa vigueur et de sa santé. Ce déplacement de gazon peut tout au plus détruire des œufs d'insectes, des larves réfugiées au pied de ces arbres pour y passer l'hiver.

La culture, l'engrais immédiatement au pied d'un arbre anciennement planté et très-développé ne saurait lui profiter, parce que ses couches absorbantes ne sont plus là.

C'est sous l'extrémité des branches qu'il faut cultiver et qu'il faut répandre les engrais, parce que les racines ayant à peu près une étendue égale à celle des branches, c'est là aussi que se trouvent leurs suçoirs ou extrémités, par lesquelles seules les sucs séveux peuvent être introduits dans l'arbre.

Il n'y a pas lieu, sans doute, à exiger d'un fermier qu'il cultive une large zone sous l'extrémité des branches de chaque arbre, parce que ce serait un travail considérable et qui détruirait une partie du pâturage ; mais entre une clause absurde et une opération presque inexécutable, il y a quelque chose d'utile à faire.

Qu'on stipule dans les baux, par exemple, que le fermier ne cultivera que le pied des arbres ayant moins de neuf ans de plantation, et que, lorsqu'il répandra de l'engrais sur le pâturage, il le mettra de préférence sous l'extrémité des branches des forts pommiers; s'il n'en a pas pour mettre partout, et cela sera plus raisonnable.

L'urine des bestiaux, le purin, répandus en février ou en mars sur le sol des vergers, profiterait à la fois à l'herbe et aux racines des arbres qui se trouvent au-dessous.

De l'Élagage.

Rien n'abrége la durée des pommiers comme la suppression des grosses branches, parce que les plaies résultant de semblables amputations ne se cicatrisent pas, ou au moins pas assez promptement. La surface de la coupe noircit, le bois meurt, devient carié; l'eau en y pénétrant augmente le mal, et de là ces arbres creux qui périssent en détail, si le vent ne les a pas d'un seul coup renversés ou rompus.

La serpe ne doit jamais avoir besoin dans un arbre bien conduit, parce qu'après avoir été bien disposé dans la pépinière, il devra être visité, sinon tous les ans, au moins tous les deux ou trois ans, pendant le repos de la sève, pour enlever, à l'aide de la serpette, les rameaux ou les branches trop pressés, trop inclinés ou se croisant, et généralement tout ce que l'on prévoit qui serait nuisible plus tard, soit en empêchant l'air et la lumière de pénétrer entre toutes les branches pour les fertiliser, soit en déformant la tête de l'arbre ou en s'inclinant de manière à gêner la circulation et à nuire aux produits du sol.

Il ne faut, pour cela, qu'une prévision intelligente dirigée par une connaissance suffisante des phénomènes de la végétation et du port habituel des espèces et des variétés sur lesquelles on opère.

Là où la serpette ne peut atteindre, le ciseau à ébrancher la remplace très-bien ; c'est un outil commode qui dispense presque toujours de monter aux arbres et leur épargne ainsi beaucoup de petites contusions.

Il arrive presque toujours qu'après une récolte abondante les branches latérales, courbées sous le poids des fruits, ne peuvent se redresser ; si on les laissait ainsi, elle se trouveraient à la portée des bestiaux et ombrageraient trop le sol.

Pour obvier à cet inconvénient, on doit couper en dessous l'extrémité de ces branches, à l'origine de petites branches montantes ou obliques ascendantes, que l'inclinaison des premières a fait développer au point où elles ont commencé à se courber. Ces suppressions doivent avoir lieu pendant l'hiver qui suit la récolte ; elles donnent à la tête de l'arbre une forme plus gracieuse, réparent ses forces épuisées en concentrant l'action de la sève sur une moins grande quantité de branches, et permettent au sol inférieur de produire davantage.

Si par une circonstance quelconque, telle que

la rupture par le vent ou par la charge de fruits, on se trouvait dans la nécessité de faire une forte amputation, il faudrait appliquer immédiatement sur la plaie de la cire à greffer ou du ciment de Forsyth (dont nous avons donné la composition), afin d'en faciliter la prompte cicatrisation.

Des Maladies qui attaquent les Pommiers.

Des diverses maladies qui peuvent affecter le pommier, la plus commune et la plus désastreuse est le chancre.

Il y en a de deux espèces : le chancre sec ou chancre proprement dit, et l'ulcère ou chancre sanieux, duquel découle une sève viciée, brunâtre et fétide.

Le chancre sec reconnaît pour cause : 1º une sève viciée par le sol ou par les engrais ; 2º la sève stagnante par un changement subit de température ou surabondante par excès d'engrais, ou bien par une taille trop courte ; 3º les meurtrissures ou contusions ; 4º les coups de soleil ; 5º les ébranchages mal faits, etc.

Pour guérir les chancres, il faut d'abord enlever jusqu'au vif, avec un instrument tranchant, toutes les parties avariées, après quoi on frotte vigoureusement la plaie avec de l'oseille fraîche et l'on applique et fixe le marc dessus. Ou bien on emploie le ciment de Forsyth, dont nous avons précédemment donné la composition.

L'onguent de Saint-Fiacre (fiente de vache et

argile) serait aussi très-b n comme emplâtre; mais il a le défaut de favoriser la multiplication du puceron lanigère.

On fait aussi quelquefois, dans le but de favoriser la guérison du chancre, des *saignées* ou scarifications longitudinales, avec la pointe de la serpette, dans l'épaisseur de l'écorce et du côté opposé au chancre.

L'ulcère reconnaît les mêmes causes que le chancre et se guérit par les mêmes moyens, mais bien plus difficilement.

Des Insectes qui attaquent les Pommiers.

Nous nous abstiendrons de parler ici des chenilles, dont les moyens de destruction (qui consistent à recueillir et brûler leurs nids avant l'éclosion des œufs) sont bien connus.

Le pommier a deux ennemis plus redoutables, et l'un d'eux, le puceron lanigère, affecte de vivre exclusivement sur lui.

La multiplication du puceron lanigère est prodigieuse, et les flocons de duvet blanc dont il est entouré permettent au vent de le transporter au loin et d'en infester une grande quantité d'arbres en très-peu de temps.

Cet insecte pique l'écorce des arbres pour en sucer la sève, et comme il en attire plus qu'il n'en peut absorber, il en résulte de nombreuses exostoses ou petites bosses, qui ont souvent la grosseur d'une noisette. Il se place de préférence au-dessous des branches, des bourgeons, autour des plaies résultant de branches ou de rameaux supprimés, et aussi dans les gerçures des tiges.

On le détruit par l'application de lessives alcalines, de corps gras tels que l'huile, n'importe de quelle espèce, qui les asphyxient immédiatement; mais il est dangereux d'appliquer l'huile sur les feuilles vertes et sur les bourgeons ou pousses nouvelles, parce qu'elle les détruit.

Mais ces procédés et quelques autres qui s'en rapprochent, ne peuvent être employés que dans les pépinières et dans les jardins; ils sont inexécutables sur les grands pommiers des vergers ruraux et des champs.

En voici un qui rendrait de plus grands services si son efficacité était constatée; nous n'avons pas encore eu le temps d'en faire l'essai, nous le livrons tel que nous l'avons trouvé indiqué dans un traité élémentaire de la taille des arbres fruitiers, publié à Bordeaux, en 1846, par M. Ramey, professeur de culture.

M. Ramey dit que la suie garantit les pommiers du puceron laginère; voici comme il conseille de l'employer.

S'il s'agit de jeunes arbres qu'on se dispose à planter, on fait tremper leurs racines pendant trois à quatre jours dans une décoction de suie, ou bien on jette sur les racines, avant de les couvrir de terre, plein une pelle de suie.

Lorsqu'on veut opérer sur des arbres anciennement plantés il faut découvrir, en hiver, l'extrémité de leurs racines et mettre de la suie à portée de leurs spongioles.

M. Ramey dit que des pommiers ainsi traités étaient depuis dix ans exempts de pucerons lanigères.

Un autre insecte, un petit coléoptère, dont il est malheureusement impossible de prévenir et de réparer les ravages, s'attaque de préférence aux anciennes variétés peu rigoureuses. C'est à lui que l'on doit s'en prendre de la perte des pommiers de *reinette grise* (excellent fruit de table), de *peau-de-vache* et de quelques autres variétés, et non au puceron lanigère, ainsi qu'on l'a dit, sans doute faute d'examen.

Voici comme opère cet insecte : il dépose ses œufs sous l'écorce, au bas des pousses nouvelles ; de l'éclosion de ces œufs résultent autant de très-petits vers ou larves qui rongent et coupent l'écorce intérieurement, de manière à faire périr la partie supérieure à leur point d'opération, et, au printemps suivant, tous les rameaux ainsi traités apparaissent, à travers le feuillage naissant, à l'état de bois sec. En enlevant l'écorce à la base de ces rameaux desséchés, il est facile d'y remarquer la moulure faite par les larves.

Des Plantes parasites.

Une seule plante réellement parasite vit sur le pommier et lui fait un tort considérable.

C'est le *gui* (viscum album. L.), petit arbuste dioïque formant sur les branches des pommiers (et aussi sur les peupliers de Virginie, les sorbiers des oiseaux, l'aubépine, etc.) de petits buissons verts, arrondis, dont les individus femelles produisent des fruits blancs de la grosseur d'un pois, à pulpe gluante, et contenant une graine.

Les merles et les grives sont friands de ces fruits, dont ils sèment les graines en déposant leurs excréments sur les branches où ils se reposent.

Le gui vit aux dépens du pommier, en se nourrissant de sa sève, et lorsqu'il est abondant sur un arbre, il le rend languissant, stérile, et finit souvent par le faire mourir.

Il est donc très-important de faire détruire, chaque hiver, tout ce que l'on aperçoit de gui sur les arbres, en le coupant ou bien en le cassant le plus près possible de la branche qui le porte, et ce, à l'aide d'un croissant ou d'un crochet emmanché au bout d'une gaule. Un vacher ou tout autre employé de la ferme peut faire ce travail. Le gui abattu peut être utilisé en le donnant aux moutons ou aux vaches, qui le mangent avec plaisir.

On dit qu'il existe une loi qui oblige à détruire les chardons; une loi qui obligerait à détruire le gui ne serait pas moins utile, si surtout on la faisait exécuter; car, sans cela, les propriétaires et les cultivateurs soigneux seront toujours victimes de la négligence de leurs voisins, puisque les oiseaux sèment les graines de cette plante sur tous les arbres où ils se reposent.

De l'Utilité d'enlever les vieilles Écorces des Arbres, et du meilleur Mode d'opérer cet Enlèvement.

Cette pratique, éminemment utile, paraît être d'origine normande; elle serait due à l'abbé Adrien Le Gendre, curé d'Hénouville, près Rouen, sous le règne de Louis XIII, et serait ainsi en usage chez nous depuis deux siècles.

Rien ne nuit plus aux arbres que ces vieilles écorces mortes, gercées, qui recouvrent leur tige, leurs grosses branches, et servent de terreau aux mousses et aux lichens.

Sous l'abri de ces plantes cryptogames, et cachés dans les crevasses de ces écorces raboteuses, des quantités considérables d'œufs d'insectes éclosent; de nombreuses larves se cachent et attendent le retour de la végétation pour monter au sommet des arbres et dévorer les boutons qui éclosent, les feuilles et les fleurs qui se développent.

L'enlèvement des vieilles écorces desséchées a donc le double avantage de mettre l'écorce vive en contact avec l'air et la lumière, et de détruire des myriades d'ennemis des arbres. Mais, en faisant cette opération, il faut bien se garder d'enlever l'écorce vive et de mettre à nu le corps ligneux, ainsi que cela arrive assez souvent; car alors on ferait presqu'autant de mal que de bien.

Les écorces mortes et gercées se détachent d'autant mieux qu'elles sont plus humides; on opère donc beaucoup plus promptement et plus facilement pendant et après de grandes pluies que par un temps sec.

A défaut de grattoirs faits exprès, on peut se servir de vieilles bêches, de râtissoires, etc. Mais il ne faut pas trop en affiler le taillant, dans la crainte de pénétrer trop avant et d'enlever l'écorce vive.

Aussitôt l'opération faite, il faut ramasser et brûler ce qu'on a détaché, écorce, mousse, etc.; sans quoi les larves d'insectes ne tarderaient pas à chercher un nouvel abri dans la terre ou dans l'herbe, au pied des arbres.

Après cette opération, et si surtout les arbres ont été *grattés un peu trop au vif*, il sera bon de leur appliquer, au moyen d'une brosse de peintre ou d'un balai doux, une sorte de bouillie claire faite de fiente fraîche de vache, à laquelle on ajoute un peu d'argile et qu'on délaie avec du purin dans lequel on aura fait éteindre quelques blocs de chaux vive. A défaut de cette préparation, on ferait encore une chose utile en employant la vase fine et tant soit peu liquide qui se trouve dans les mares.

6.

De la Récolte et de la Conservation des Fruits.

La récolte des fruits doit se faire, autant que possible, par un beau temps, afin de les rentrer secs; elle a lieu de la fin d'août à la fin de novembre, suivant les variétés et suivant les localités.

Ils doivent, pour être récoltés, être arrivés à un degré de maturité convenable, qui se reconnaît, surtout dans les variétés précoces, au changement de couleur et à l'odeur, à la coloration des pépins et aussi, lorsque, par un temps calme et sans vent, on trouve chaque matin, sous les arbres, des fruits tombés qui ne sont ni verreux ni avariés en aucune manière.

On détache les fruits des arbres en secouant leurs branches, soit en montant dessus, soit en les saisissant vers leur extrémité à l'aide d'un crochet.

La gaule doit être employée le moins possible et avec beaucoup de ménagement, parce qu'elle mutile et détruit les lambourdes.

Il est avantageux de récolter et conserver séparément chaque variété, afin de pouvoir en opérer le mélange à volonté et dans des proportions convenables pour en obtenir le meilleur cidre possible.

Il est indispensable de mettre les pommes à l'abri, parce que, restant dehors, l'eau provenant ou de la pluie ou de la fonte des neiges, leur enlève une partie de leurs sucs, et elles ne peuvent plus rendre qu'un cidre de médiocre qualité.

Nous savons que, dans les années d'abondante récolte, on manque souvent de bâtiments pour loger tous les fruits ; mais il n'est ni difficile ni dispendieux d'improviser des hangars au moyen de paillassons de 5 à 6 centimètres d'épaisseur, faits de paille longue, serrée entre deux gaulettes opposées au moyen de nœuds d'osier ou de fil de fer. Deux de ces paillassons appuyés l'un contre l'autre, en double toit, forment un abri suffisant contre la pluie.

Il convient aussi de garantir les pommes de la gelée ; car elle les détériore autant que le lavage par la pluie. Cela est d'autant plus facile qu'à l'époque des grands froids, il n'y a plus guère que les pommes dures ou de troisième saison qui ne soient pas encore pilées, et qu'on a pu alors les mettre dans des bâtiments clos.

Si ces bâtiments sont accessibles à la gelée, le meilleur moyen d'en préserver les fruits consiste à les couvrir de paille et de toiles mouillées, ainsi que nous l'avons dit dans la première partie de ce traité.

La fabrication du cidre exige plus de soins et de propreté qu'on en apporte ordinairement dans cette opération. Non-seulement il faut que tous les instruments, tous les vases qui servent au pressurage soient propres et exempts d'odeurs étrangères, mais il faut aussi que la paille qu'on emploie pour asseoir le marc soit saine, propre et surtout exempte de moisissures.

On dit que les Anglais des provinces d'Herefordshire, de Sommersetshire, et autres, donnent et conservent à leurs cidres un goût agréable, en y mêlant de gros navets.

On peut, sans inconvénient, mêler des pommes amères avec les pommes douces, pourvu qu'elles n'y soient pas en trop grande proportion ; le cidre y gagne même quelquefois en qualité ; mais lorsqu'on tient à posséder du cidre susceptible de se conserver longtemps, on doit rejeter les pommes acides ou *pommes sures* ; la boisson qu'elles produisent tourne promptement à l'aigre et est peu colorée.

(Extrait des travaux du Cercle pratique d'Horticulture et de Botanique du département de la Seine-Inférieure.)

PRÉVOST, Président.

TABLE ALPHABÉTIQUE DES MATIÈRES.

	Pages.
Explication de quelques expressions dont il est utile de préciser la signification.	7
AVANT-PROPOS	11
PREMIÈRE PARTIE. — Examen critique des Opérations en usage	17
Formation de la Pépinière	17
Choix de l'Emplacement.	17
Choix du Plant	18
Préparation du Plant.	18
Distance qu'on met habituellement entre les Plants	18
Éducation des Plants et Formation des Tiges.	19
De la Greffe	20
De la Négligence habituelle en ce qui concerne les Greffes	21
Formation de la Tête des Arbres	22
Plantation a demeure	
Enlèvement des jeunes Arbres de la Pépinière	23
Préparation des Arbres et du Sol pour la mise en place.	25
Des Armures qu'on donne ordinairement aux Arbres	26
Des Arbres inclinés.	27
Des Drageons qui croissent au pied des arbres	28
Récolte des Fruits	29
De la Manière dont on conserve les Fruits	29
SECONDE PARTIE. — Contenant l'indication des diverses opérations au moyen desquelles on peut élever de beaux et bons pommiers, les transplanter avec succès, leur assurer un développement satisfaisant, une longue durée, et tirer le meilleur parti possible de leurs produits.	34

	Pages.
§ Ier. DE LA PÉPINIÈRE...	34
Choix du Sol...	35
Préparation et Semis des Pépins de pommes...	38
Déplantation et Choix du Plant...	40
De la Pépinière d'éducation. Époque de la Plantation des plants. Préparation de leurs Racines. Distances à réserver entr'eux...	40
Mode de Plantation des Plants...	42
Éducation des Plants...	42
Culture du Sol de la Pépinière...	47
§ II. DE LA GREFFE...	49
Choix et Conservation des Greffes...	51
Descriptions des Greffes les plus utiles et Manière de les opérer...	54
Greffe Lée...	54
— en couronne Théophraste...	55
— en fente Bertemboise...	59
— en écusson Vitry...	62
Des Ligatures propres aux Greffes...	65
Des Enveloppes des Greffes...	66
De la Force que doivent avoir les Pommiers pour être greffés...	67
Des Pommiers qu'on ne doit pas greffer...	68
Formation de la Tête des jeunes Arbres...	69
§ III. DE LA MISE EN PLACE OU PLANTATION A DEMEURE. CONSIDÉRATIONS RELATIVES AU SOL, A L'EMPLACEMENT, A L'EXPOSITION, AUX DISTANCES A METTRE ENTRE LES ARBRES, etc...	71
Préparation du Sol...	73
Remplissage des Trous...	79
Choix, Déplantation et Préparation des Arbres...	81
Orientement des Arbres...	83
Buttage des Arbres...	85
Des Armures qu'il convient de donner aux Arbres pour les protéger :	
1o Contre les coups de soleil...	87
2o — la dent des animaux rongeurs...	87
3o — le frottement des bestiaux, les contusions et	

contre le vent...	88
Soins à donner aux Arbres pendant les deux ou trois premières années après leur Plantation............	89
§ IV. DES SOINS QUE PEUVENT RÉCLAMER LES ARBRES PENDANT LE RESTE DE LEUR EXISTENCE ET DE LA MANIÈRE DE LES LEUR ADMINISTRER................	91
De la Culture et des Engrais	91
De l'Elagage..	93
Des Maladies auxquelles les Pommiers sont sujets.....	95
Des Insectes qui attaquent les Pommiers	96
Des Plantes parasites...............................	98
De l'Utilité d'enlever les vieilles Écorces et du meilleur Mode d'opérer cet enlèvement	100
De la Récolte et de la Conservation des Fruits........	102

FIN DE LA TABLE.

Rouen. Imp. MÉGARD et Cie.

— 107 —

	Pages.
contre le vent	88
Soins à donner aux Ruches pendant les deux ou trois premières années après leur Plantation	89
§ IV. Des soins que doivent recevoir une Année pendant le mois de Mai à l'époque et de la récolte de leurs produits soutirables	91
De la Cuite	91
De l'Eplu...	92
Des Maladies... les Ruches sont sujets	93
Des F... opérations...	95
Des P...	95
Des F... Ressources et du meilleur Mode... est ...	1..
De la R... tion des Ruches	1..

TAX DE LA TABLE

Blois, imp. M. Plantin et C.

OUVRAGE UTILE

AUX PROPRIÉTAIRES RURAUX, AUX PÉPINIÉRISTES,
AUX CULTIVATEURS,
ET A TOUS LES HOMMES QUI S'OCCUPENT DE LA CULTURE
DES ARBRES FRUITIERS.

Rouen, Imp. MÉGARD et Ce.

www.ingramcontent.com/pod-product-compliance
Lightning Source LLC
Chambersburg PA
CBHW070242100426
42743CB00011B/2102